신주 사마천 사기 32

이 책은 롯데장학재단의 지원을 받아 번역, 출간되었습니다.

신주 사마천 사기 32 / 회음후열전·한신노관열전·전담열전
번역등관열전·장승상열전

초판 1쇄 인쇄 2023년 10월 15일
초판 1쇄 발행 2023년 11월 10일

지은이   (본문) 사마천
            (삼가주석) 배인·사마정·장수절
번역 및 신주 한가람역사문화연구소 사기연구실

펴낸이   이덕일
펴낸곳   한가람역사문화연구소

등록번호   제2019-000147호
주소   서울특별시 종로구 김상옥로17 대호빌딩 신관 305호
전화   02) 711-1379
팩스   02) 704-1390
이메일   hgr4012@naver.com

ISBN   979-11-90777-45-2 94910

값은 뒤표지에 있습니다.

세계 최초
삼가주석
완역

신주 사마천 사기

32

회음후열전 | 한신노관열전
전담열전 | 번역등관열전
장승상열전

지은이
본문_ 사마천
삼가주석_ 배인·사마정·장수절

번역 및 신주
한가람역사문화연구소 사기연구실

한가람역사문화연구소

차례

사기 제95권 史記卷九十五
번역등관열전 樊酈滕灌列傳

사기 제96권 史記卷九十六
장승상열전 張丞相列傳

新註史記

원 사료는 중화서국中華書局 발행의 《사기》와 영인본 《백납본사기百衲本史記》를 기본으로 삼고, 인터넷 사료로는 대만 중앙연구원 역사어언연구소歷史語言研究所에서 제공하는 한적전자문헌자료고漢籍電子文獻資料庫의 《사기》를 참조했다.

일러두기

❶ 네모 상자 안의 글은 사기 본문 및 삼가주석 서문의 글이다.
❷ 한글 번역문 바로 아래 한문 원문을 실어 쉽게 대조할 수 있게 했다.
❸ 삼가주석 아래 신주를 실어 우리 연구진의 새로운 해석을 달았다.
❹ 사기 분문뿐만 아니라 삼가주석도 필요할 경우 신주를 달았다.
❺ 직역을 원칙으로 삼고 의역은 최대한 피했다.
❻ 한문 원문에서 ( )는 빠져야 할 글자를, 〔 〕는 추가해야 할 글자를 나타낸다.
  예) 살펴보니 15개 음은 이 두 음에 가까웠다.
    案 十五邑近此(三)〔二〕邑

《사기》〈열전〉의 넓고 깊은 세계에 관하여

1. 시대별 〈열전〉의 세계

《사기》는 〈본기本紀〉, 〈표表〉, 〈서書〉, 〈세가世家〉, 〈열전列傳〉의 다섯 부분으로 구성된 기전체紀傳體 역사서이다. 기전체라는 이름은 다섯 부분 중에 제왕의 사적인 〈본기〉와 신하의 사적인 〈열전〉이 중심이라는 사실을 시사하고 있다. 〈본기〉가 북극성이라면 〈세가〉와 〈열전〉은 북극성을 향하는 뭇별이라는 구성이다. 〈열전〉은 모두 70편으로 구성되어 있지만 한 편의 〈열전〉에 여러 명을 수록하는 경우가 여럿이어서 실제 수록된 인물은 300명이 넘는다. 중국의 24사는 대부분 《사기》를 따라 기전체를 택하고 있지만 《사기》만의 독창적 내용이 적지 않다.

먼저 서술 시기를 보면 《사기》는 한 왕조사가 아니라 오제五帝부터 자신이 살던 한무제漢武帝 시기까지 천하사天下史를 기술했기에 그 시기가 광범위한데, 이는 〈열전〉도 마찬가지다. 그래서 이를 시기별로 나누어 정리할 필요가 있다.

첫째 시기는 춘추春秋시대 이전부터 춘추시대까지 활동했던 여러 인물이다. 〈백이열전伯夷列傳〉부터 〈중니제자열전仲尼弟子列傳〉까지 7편이 그런 경우로서 백이伯夷·숙제叔齊, 관중管仲, 안영晏嬰, 노자老子, 손자孫子, 오자서伍子胥, 공자孔子의 제자들 등이 이에 속한다.

둘째 시기는 전국戰國시대와 진秦 조정에서 활동한 인물들에 대해서 서술했다. 〈상군열전商君列傳〉부터 〈몽염열전蒙恬列傳〉까지 21편이 이런 경우로서 상앙商鞅, 소진蘇秦, 장의張儀, 백기白起, 왕전王剪, 전국 4공자, 여불위呂不韋, 이사李斯, 몽염蒙恬 등이 이에 속한다.

셋째 시기는 초楚와 한漢이 중원의 패권을 다투던 시기에 활동했던 인물들이다. 〈장이진여열전張耳陳餘列傳〉부터 〈전담열전田儋列傳〉까지 6편으로 장이, 진여, 한신韓信, 노관盧綰 등이 이에 속한다.

넷째 시기는 한고조 유방부터 경제景帝 때까지의 인물들을 서술하고 있다. 〈번역등관열전樊酈滕灌列傳〉부터 〈오왕비열전吳王濞列傳〉으로 번쾌樊噲, 육가陸賈, 계포季布, 유비劉濞 등이 이에 속한다.

다섯째 시기는 한무제 때의 인물들이다. 〈위기무안후열전魏其武安侯列傳〉 등으로 두영竇嬰, 이광李廣, 위청衛靑, 곽거병霍去病 등과 사마천 자신에 대해서 서술한 〈태사공자서太史公自序〉도 이 범주에 들 수 있다.

사마천은 한 사람의 인생 전부를 서술하는 개념으로 〈열전〉을 서술하지는 않았다. 그가 관심을 가진 것은 특정 인물이 어떤 사상을 가지고 한 시대를 어떻게 헤쳐 나갔는가, 또는 그 시대에 어떤 영향을 미쳤는가 하는 것이지 인생 전반을 세세하게 서술하는 것은 아니었다. 그러다보니 《사기》〈열전〉을 보면 한 인간의 역경을 통해서 그가 산 시대의 생생한 분위기도 엿볼 수 있다.

2. 〈백이열전〉을 첫머리로 삼은 이유

《사기》〈열전〉이 지금껏 인구에 회자되는 것은 사마천이 당위성만 추구한 것이 아니라 당위성과 실제 현실 사이의 괴리를 포착해 한 인물의 부침을 서술했기 때문이기도 할 것이다. 그가 〈열전〉의 첫머리를 〈백이열전〉으로 삼은 것은 〈세가〉의 첫머리를 〈오태백세가吳泰伯世家〉로 삼아 막내 계력季歷에게 왕위를 물려준 사양辭讓의 정신을 크게 높인 것과 마찬가지로 이利보다는 의義를 추구한 백이·숙제를 높인 것이다.

사마천은 제후가 아닌 공자를 〈공자세가〉로 높여 서술하고 〈중니제자열전〉과 〈유림열전儒林列傳〉도 서술해 유가儒家를 높이기도 하였다. 그러나 사마천은 단순히 유학을 높인 것이 아니라 유학에서 천하는 공公의 것이기에 자기 자식이 아니라 현명한 인물에게 자리를 넘겨주는 선양禪讓의 정신을 높게 산 것이다. 그래서 오제의 황제黃帝부터 요순堯舜까지 행해졌던 선양禪讓의 정신을 크게 높였다.

그러나 〈백이열전〉에서 사마천은 "백이·숙제는 남을 원망하지 않았다."는 공자의 말을 수록하면서도 사마천 자신은 공자의 견해에 동의하지 않고 백이·숙제의 뜻을 비통한 것으로 여겼다. 또한 그가 의문을 가진 것은 "하늘의 도道는 친함이 없고 항상 선한 사람과 함께한다."라고 했는데 선한 사람인 백이·숙제 같은 사람이 왜 굶어죽어야 했느냐는 질문이다. 그럼에도 불구하고 이利를 추구하는 삶보다 의義를 추구하는 삶이 중요하다는 생각에서 〈백이열전〉을 첫머리로 삼은 것이다.

〈백이열전〉뿐만 아니라 초나라를 끝까지 부흥시키려고 했던 〈춘신군열전春申君列傳〉이나 〈자객열전刺客列傳〉 등도 이에 속한다. 〈자객열전〉의 형가荊軻가 남긴 "장사 한 번 떠나면 다시 돌아오지 않으리[壯士一去兮 不復還]"라는 시가가 대일항전기 의열단원들이 목숨을 걸고 국내에 잠입 할 때 동지들과 나누던 시가라는 점은 시대와 장소를 넘어 의義의 실천에 목숨을 건 사람들이 깊은 동질감을 느꼈기 때문일 것이다.

3. 주제별 〈열전〉

〈열전〉 중에는 각 부문의 사람들을 주제별로 묶어서 서술한 〈열전〉이 적지 않다. 좋은 벼슬아치를 뜻하는 〈순리열전循吏列傳〉은 이후 많은 기 전체 역사서가 따라서 서술하고 있다. 후세 벼슬아치들에게 역사의 포상 이 가장 중요한 상으로 여기고 좋은 벼슬아치가 되려고 노력하라는 권고 의 뜻을 담고 있다. 또한 혹독한 벼슬아치를 뜻하는 〈혹리열전酷吏列傳〉은 반대로 역사의 비판이 가장 무거운 형벌임을 깨닫고 백성들을 가혹하게 대하거나 가렴주구를 하지 말라는 권고를 담고 있다.

사마천은 비록 유학을 높였지만 유자儒者는 칭송을 받는데 유협游俠은 비난을 받는 현실에 대해서도 불만이었다. 그래서 유협들도 수백 년이 지난 후에도 제사를 받든다면서 〈유협열전〉을 서술했다. 〈유협열전〉같은 경우 《사기》, 《한서》와 그 전편이 모두 전하지 않는 《위략魏略》 정도가 이어서 유협에 대해 서술하였고 이후의 역사서에서는 외면받았던 인물 들이다.

사마천은 또한 '기업가 열전'이라고 할 〈화식열전貨殖列傳〉을 서술했다는 이유로도 비판받았지만 그가 지금껏 역사가의 전범典範으로 대접받는 밑바탕에는 경제를 무시하지 않았던 역사관이 깔려 있었다. 그러나 〈화식열전〉은 이후 《사기》와 《한서》에서만 서술하고 있을 정도로 여러 사서는 벼슬아치와 학자만 높였지 사업가는 낮춰 보았던 것이 동양 유학 사회의 현실이었다.

《사기》에만 실려 있고, 다른 기전체 사서는 외면한 〈열전〉이 〈골계열전滑稽列傳〉, 〈일자열전日者列傳〉, 〈귀책열전龜策列傳〉이다. 〈골계열전〉은 보통 세속을 따르지 않고, 세상의 이익을 다투지 않는 것을 귀하게 여기는 사람들의 풍자정신에 대해 서술한 것으로 해석된다. 사마천이 보기에는 천문관측에 관한 〈일자열전〉이나 길흉을 점치는 복서卜筮에 대한 〈귀책열전〉도 나라를 다스리는데 필수적이라는 생각에서 이를 〈열전〉에 서술했다.

4. 위만조선만 서술한 〈조선열전〉

사마천이 〈열전〉에서 창안한 형식중 하나가 외국에 대한 〈열전〉이다. 사마천은 〈흉노열전匈奴列傳〉을 필두로 〈남월열전南越列傳〉, 〈동월열전東越列傳〉, 〈조선열전朝鮮列傳〉, 〈서남이열전西南夷列傳〉 등을 서술했다. 이것이 공자가 《춘추》에서 높인 존주대의尊周大義와 함께 중국의 전통적인 화이관華夷觀을 만들어 낸 것으로 볼 수 있다.

그러나 사마천은 동이족이 분명한 삼황三皇을 배제하고 오제五帝부터 서술한 데에서 알 수 있는 것처럼 화하족華夏族의 뿌리를 찾기 어렵다는 현실에 부닥칠 수밖에 없었다. 그래서 때로는 이족夷族의 역사를 무리하게 화하족 역사로 편입시키려 노력했다. 한나라를 크게 괴롭혔던 흉노를 하夏나라의 선조 하후夏后의 후예로 서술하고, 남월, 동월 등도 그 뿌리를 모두 화하족과 연결되게 서술한 것은 이 때문일 것이다.

〈조선열전〉에서는 단군과 기자의 사적은 생략하고 연나라 출신 위만衛滿에 대해서만 서술했다. 사마천은《사기》의 여러 부분에서 기자箕子에 대해 서술했고, 그가 존경하던 공자가《논어》에서 기자를 미자微子, 비간比干과 함께 삼인三仁으로 꼽았으므로 그의 사적을 몰랐을 리 없다. 그러니 기자가 주무왕周武王에 의해 석방된 후 '조선朝鮮'으로 갔다는 사실을 몰랐을 리 없고 기자가 간 조선이 '단군조선檀君朝鮮'이라는 사실도 몰랐을 리 없다. 그러나 사마천은 단군과 기자는 생략하고 위만조선만 서술했다. 그럼에도 그가 〈조선열전〉이라도 서술했기에 우리는 위만조선과 한나라의 관계나 위만조선의 왕족과 귀족들이 왜 망국 후 한나라의 제후로 봉함을 받았는지 알 수 있게 되었다.

이제 〈열전〉을 내놓으면서 40권에 이르는《신주 사마천 사기》의 대단원의 막이 내려진다.《신주 사마천 사기》는 비단 지금까지 전 세계에서 발간된 가장 방대한《사기》번역서 및 주석서일 뿐만 아니라 그간《사기》에서 놓쳤던 여러 관점과 사실에 대해 알 수 있다. 예를 들면《사기》본문 및 그 주석에 숱하게 드러나고 있는 이족夷族의 역사를 되도록 되살렸다는 내용면에서도 새로운 시도라고 자평할 수 있다. 《신주 사마천 사기》 완간을 계기로 사마천이 그렸던 천하사가 더욱 풍부해질 뿐만 아니라 《사기》 속에 숨어 있던 우리 선조들의 이야기가 우리 후손들의 가슴 속에 자리 잡게 된다면 망외의 소득이라고 말할 수 있을 것이다.

사기 제92권 史記卷九十二

회음후열전 淮陰侯列傳

신주 본 열전은 한漢나라 초기의 뛰어난 전략가戰略家로서 탁월한 업적을 이룬 회음후 한신韓信의 열전이다. 한신韓信(?~서기전 196)은 진나라 말기부터 전한前漢 초기의 무장武將으로 유방劉邦이 천하를 통일하는데 장량張良, 소하蕭何와 함께 삼걸三傑로 일컬을 만큼 공이 많은 사람이다. 강소성 회음현淮陰縣은 그에게 있어 고향이면서 왕에서 후로 강등된 뒤의 봉지封地이다. 이로 말미암아 한신을 회음후淮陰侯라고 하는 것이다.

한신은 어릴 때 회음에서 시정 무뢰배의 가랑이 밑으로 기어나가는 치욕을 겪으며 용기 없는 자라고 놀림당하고, 남창정장南昌亭長의 집에서 밥을 빌어먹으면서 정장의 아내로부터 무시당했으며, 성 아래의 시냇가에서 낚시하던 중에 빨래하던 여인의 동정으로 밥을 얻어먹기도 했다.

이후 한신은 거병한 뒤 회수를 넘어 북상한 항량項梁을 만나 그의 휘하가 되었다. 그러나 항량이 전사하자 항우項羽의 밑에서 자주 책략을 간하게 되는데 항우는 받아들이지 않았다.

항우는 마침내 진秦나라를 멸하고 천하를 나누었는데 한신은 한왕 유방劉邦이 파촉巴蜀으로 쫓겨날 때 초나라에서 이탈하여 한나라로 귀의했다. 처음에는 유방도 그를 인정하지 않았으나 소하蕭何가 뛰어난 인물임을 알고 유방에게 천거해준 덕분에 대장군이 될 수 있었다.

마침내 유방은 초나라와의 일전에 나선다. 그는 한신의 계책으로 북진해 삼진三秦을 평정했지만 동쪽으로 방향을 바꾸어 초나라 도읍 팽성을 진격하다가 대패하여 형양滎陽 일대로 후퇴하고 말았다. 한편 북쪽으로 향했던 한신은 '배수背水의 진陣'으로 조趙나라 왕 헐歇을 사로잡아 조나라를 손에 넣었고 이어 연나라를 복종시킨 뒤 제나라를 공격하여 임치臨淄에 주둔하고 제왕齊王이 되었다. 이렇듯 한신은 일시 연나라, 조나라, 제나라 땅을 세력하에 두면서 항우, 유방과 함께 천하를 삼분하는 형세가 되었다.

고릉에서 초나라에 대패하여 곤경에 처해 있던 유방은 장량張良의 계책을 써서 제나라 왕 한신에게 항우를 공격하도록 했다. 항우가 격파되자 고조는 제왕 한신의 군권軍權을 빼앗고 초나라 왕으로 옮겨 봉했다. 이후 모반하려 한다는 소문으로 체포되어 모반의 죄는 용서 되지만 초나라 왕 작위를 빼앗기고 회음후에 봉해졌다. 서기전 197년, 진희陳豨가 반란을 일으키자 유방이 토벌하러 간 사이 한신이 진희의 난에 가담했다는 혐의로 여태후에게 참수되고 삼족이 멸족되었다. 이 열전은 한신을 위해 충고한 괴통蒯通의 말을 복선으로 삼아 구성하였다.

한나라 대장군이 된 한신

회음후 한신은 회음^① 사람이다. 처음 일반 백성이었을 때는 가난하고 품행도 없어 추천받아 관리도 되지 못했다.^② 또 장사를 해서 생계를 꾸릴 재간도 없었다. 항상 남을 따라다니면서 음식을 해결하고 있었으며 사람들은 대부분 한신을 싫어했다. 늘 자주 그는 하향^③ 남창정장南昌亭長^④을 따라 식사를 해결했다. 수개월이 지나자 정장의 아내가 한신을 꺼렸다. 이에 새벽에 밥을 지어서 침대에서 식사를 했다.^⑤ 식사 때 한신이 갔는데 식사를 차려 주지 않았다. 한신도 그 마음을 알고 노하여 마침내 정장의 집에 발길을 끊었다.

淮陰侯韓信者 淮陰^①人也 始爲布衣時 貧無行 不得推擇爲吏^② 又不能治生商賈 常從人寄食飮 人多厭之者 常數從其下鄕^③南昌亭長^④寄食 數月 亭長妻患之 乃晨炊蓐食^⑤ 食時信往 不爲具食 信亦知其意 怒 竟絶去

① 淮陰회음

정의 초주 회음현이다.

楚州淮陰縣也

② 不得推擇爲吏부득추택위리

집해 이기가 말했다. "관리로 추천할 만한 선행이 없었다."

李奇曰 無善行可推擧選擇

③ 下鄕하향

집해 장안이 말했다. "하향은 현이고 회음에 속한다."

張晏曰 下鄕 縣 屬淮陰也

색은 살펴보니 하향은 향 이름이고 회음군에 속했다.

案 下鄕 鄕名 屬淮陰郡

신주 〈지리지〉에 따르면 행정단위 순서가 임회군 회음현 하향 남창정
이므로, 하향은 향 이름이다.

④ 南昌亭長남창정장

색은 살펴보니 《초한춘추》에는 "신창정장"으로 되어 있다.

案 楚漢春秋作新昌亭長

⑤ 晨炊蓐食신찬욕식

집해 장안이 말했다. "일어나지 않고 이부자리 속에서 식사를 하는 것
이다."

張晏曰 未起而牀蓐中食

한신은 성 아래서 낚시질을 했다.① 여러 아낙네가 빨래하고② 있었
는데 그중 한 아낙네는 한신이 굶주린 기색을 보고 한신에게 밥을

주었다. 수십 일동안 빨래를 다할 때까지 그렇게 하였다. 한신은 기뻐하고 빨래하는 아낙네에게 말했다.

"내가 반드시 아낙네에게 후하게 보답하겠습니다."

노파가 노해서 말했다.

"대장부가 스스로 먹을 것③을 해결하지 못하므로 내가 왕손王孫④이 애처로워서 밥을 준 것이지, 어찌 보답을 바라서였겠는가."

信釣於城下① 諸母漂② 有一母見信飢 飯信 竟漂數十日 信喜 謂漂母曰 吾必有以重報母 母怒曰 大丈夫不能自食③ 吾哀王孫④而進食 豈望報乎

① 信釣於城下신조어성하

정의 회음성 북쪽 임회의 물줄기는 옛날 한신이 하향을 떠나 이곳에서 낚시질을 했다.

淮陰城北臨淮水 昔信去下鄕而釣於此

② 漂표

집해 위소가 말했다. "물로 솜을 두드려 빨래한다. 그러므로 표모漂母라고 한다."

韋昭曰 以水擊絮爲漂 故曰漂母

③ 食사

정의 食의 발음은 '사[寺]'이다.

音寺

④ 王孫왕손

집해 소림이 말했다. "공자公子라는 말과 같다."

蘇林曰 如言公子也

색은 유덕이 말했다. "진나라 말기에 국가를 잃은 자가 많아서 왕손王孫이나 공자公子로 말해서 높인 것이다." 소림도 같게 말했다. 장안은 "자字가 왕손이다."라고 했는데 그르다.

劉德曰 秦末多失國 言王孫公子 尊之也 蘇林亦同 張晏云 字王孫 非也

회음의 백정 중에 한신을 모욕하려는 소년이 있어, 말했다.

"너는 비록 체격이 장대해 칼을 차고 다니기 좋아하지만 마음속은 겁쟁이일 뿐이다."

여럿이 모욕을 주어 말했다.

"한신 네가 죽을 수 있다면 나를 찔러라. 죽을 수 없다면 내 가랑이 아래①로 지나가거라."

이에 한신이 뚫어지게 쳐다보더니 구부려서 가랑이 아래로 기어나왔다.② 온 시장 사람들이 모두 한신을 비웃으며 겁쟁이로 여겼다.

淮陰屠中少年有侮信者 曰 若雖長大 好帶刀劍 中情怯耳 衆辱之曰 信能死 刺我 不能死 出我袴下① 於是信孰視之 俛出袴下 蒲伏② 一市人皆笑信 以爲怯

① 袴下과하

집해 서광이 말했다. "과袴는 다른 판본에는 '과胯'로 되어 있다. 과胯는 허벅지이고 발음은 같다. 《한서》에는 '과跨'로 되어 있는데 같은 뿐이다."

徐廣曰 袴 一作胯 胯 股也 音同 又云漢書作跨 同耳

색은 과袴는 《한서》에는 '과胯'로 되어 있다. 과胯는 허벅지이다. 胯의 발음은 '과[枯化反]'이다. 그래서 여기 문장이 '과袴'로 된 것을 살펴서 글자의 발음에 의지한다면 어찌 통하지 않겠는가? 과하袴下는 곧 과하胯下이니, 또한 어찌 반드시 과胯로 해야 하겠는가?

袴 漢書作胯 胯 股也 音枯化反 然尋此文作袴 欲依字讀 何爲不通 袴下卽胯下也 亦何必須作胯

② 俛出袴下 蒲伏부출과하 포복

정의 俛의 발음은 '부俯'이다. 伏의 발음은 '푹[蒲北反]'이다.

俛音俯 伏 蒲北反

항량이 회수淮水를 건너오자 한신은 칼을 지팡이 삼아 따르며 그의 휘하[1]에 있게 되었지만 이름이 알려지지 않았다. 항량이 무너져 전사하자 또 항우項羽에게 소속되었는데 항우는 그를 낭중郎中으로 삼았다. 자주 항우에게 계책을 일렀으나 항우는 채택하지 않았다.

한왕(유방)이 촉蜀으로 들어가자 한신은 초나라에서 도망쳐 한나라로 귀순했으나 이름을 알리지 못하고 연오連敖[2]가 되었다. 법에 걸려 처형당하게 되었는데 그의 무리는 13명이었다. 모두 처형되고 나서 한신의 차례에 이르러 한신이 곧 우러러 보니 마침

등공滕公(하후영)이 보여서 말했다.

"주상께서는 천하로 나아가고자 하지 않습니까? 무엇 때문에 장사를 베려고 하십니까!"

등공은 그 말을 기이하게 여기고 그 모양을 장대하게 여겨서 풀어주고 목을 베지 않았다. 함께 이야기를 나누고 크게 기뻐했다. 이에 왕에게 말하자 왕이 제수해 치속도위治粟都尉[3]로 삼았으나 왕은 특출하게 여기지 않았다.

及項梁渡淮 信杖劍從之 居戲下[1] 無所知名 項梁敗 又屬項羽 羽以爲郎中 數以策干項羽 羽不用 漢王之入蜀 信亡楚歸漢 未得知名 爲連敖[2] 坐法當斬 其輩十三人皆已斬 次至信 信乃仰視 適見滕公 曰 上不欲就天下乎 何爲斬壯士 滕公奇其言 壯其貌 釋而不斬 與語 大說之 言於上 上拜以爲治粟都尉[3] 上未之奇也

① 戲下희하

집해 서광이 말했다. "희戲는 다른 판본에는 '휘麾'로 되어 있다."

徐廣曰 戲 一作麾

② 連敖연오

집해 서광이 말했다. "전객典客이다."

徐廣曰 典客也

색은 이기가 말했다. "초나라 관직 이름이다." 장안이 말했다. "사마司馬이다."

李奇云 楚官名 張晏云 司馬也

③ 治粟都尉치속도위

신주 치속도위는 군량을 담당하는 군리軍吏이다. 다만 이때는 치속도위가 아니라 치속내사治粟內史라고 해야 한다. 《사기지의》에서 치속도위는 무제 때 처음 설치되었다고 한다.

한신은 자주 소하와 말을 나누었는데, 소하는 그를 특출하게 여겼다. 남정南鄭①에 이르러 길에서 도망친 장수들이 수십 명이나 되었다. 한신은 소하 등이 이미 여러 번 왕에게 자신을 추천했으나 왕은 자신을 등용하지 않을 것이라고 헤아리고 곧 도망쳤다. 소하는 한신이 도망쳤다는 소문을 듣고 미처 왕에게 알리지 못하고 스스로 추격했다. 왕에게 말하는 사람이 있어 "승상 소하가 도망쳤습니다."라고 했다. 왕은 크게 노하여 마치 두 팔을 잃은 듯했다. 하루 이틀 사이에 소하가 와서 왕을 뵈니 왕은 노하는 한편 기쁘기도 해서 소하를 꾸짖었다.

"그대가 도망간 것은 어째서인가?"

소하가 말했다.

"신은 감히 도망친 것이 아니라 도망친 자를 쫓은 것입니다."

왕이 말했다.

"그대가 쫓아간 자는 누구인가?"

대답하여 말했다.

"한신입니다."

왕이 다시 꾸짖었다.

"달아난 장수들이 십 수 명을 헤아리는데도 그대는 쫓아간 적이 없거늘 한신을 쫓아갔다는 것은 거짓말이다."

信數與蕭何語 何奇之 至南鄭[1] 諸將行道亡者數十人 信度何等已數言 上 上不我用 卽亡 何聞信亡 不及以聞 自追之 人有言上曰 丞相何亡 上 大怒 如失左右手 居一二日 何來謁上 上且怒且喜 罵何曰 若亡 何也 何 曰 臣不敢亡也 臣追亡者 上曰 若所追者誰何 曰 韓信也 上復罵曰 諸將 亡者以十數 公無所追 追信 詐也

① 南鄭남정

신주 한중군의 치소이다. 유방이 당시 이곳에 군사를 주둔시키고 거점 으로 삼았다.

소하가 말했다.
"여러 장수는 쉽게 얻을 수 있을 뿐입니다. 한신같은 자는 국사國士 이며 둘도 없습니다. 왕께서 반드시 한중漢中에서 오랫동안 왕 노릇 을 하고자 하신다면 한신이 필요[1] 없겠지만 반드시 천하를 다투고 자 하신다면 한신이 아니면 함께 일을 계획할 자가 없을 것입니다. 돌아보면 왕의 계책이 어떻게 결정되느냐에 달렸을 뿐입니다."
왕이 말했다.
"나 또한 동쪽으로 가고자 할 뿐이다. 어찌 답답하게 오래도록 이곳에 거처하려고 하겠는가."

소하가 말했다.

"왕께서 반드시 동쪽으로 가고자 계획하신다면 한신을 등용해 한신을 곧 머무르게 하십시오. 등용하지 않는다면 한신은 끝까지 도망칠 뿐입니다."

何曰 諸將易得耳 至如信者 國士無雙 王必欲長王漢中 無所事^①信 必欲爭天下 非信無所與計事者 顧王策安所決耳 王曰 吾亦欲東耳 安能鬱鬱久居此乎 何曰 王計必欲東 能用信 信卽留 不能用 信終亡耳

① 事사

집해 문영이 말했다. "사事는 업業과 같다." 장안이 말했다. "한신을 등용할 일이 없다."

文穎曰 事猶業也 張晏曰 無事用信

왕이 말했다.

"나는 공을 장군으로 삼겠소."

소하가 말했다.

"비록 장군이 되더라도 한신은 반드시 머무르지 않을 것입니다."

왕이 말했다.

"대장군으로 하겠소."

소하가 말했다.

"매우 다행스럽습니다."

이에 왕이 한신을 불러서 제수하고자 했다. 소하가 말했다.

"왕께서 평소 거만하고 무례하십니다. 지금 대장을 제수하는 데 어린아이를 부르듯이 할 뿐입니다. 이러면 한신이 떠나갈 것입니다. 왕께서 반드시 제수하고자 하신다면 좋은 날을 가려 재계하고 마당에 단壇을 설치하여 예를 갖추어야 옳을 것입니다."

왕이 허락했다. 여러 장수가 모두 기뻐하고 사람마다 각각 스스로 대장이 되리라고 생각했다. 대장을 제수할 때가 되어 이에 한신으로 하자 온 군대가 놀랐다.

王曰 吾爲公以爲將 何曰 雖爲將 信必不留 王曰 以爲大將 何曰 幸甚 於是王欲召信拜之 何曰 王素慢無禮 今拜大將如呼小兒耳 此乃信所 以去也 王必欲拜之 擇良日 齋戒 設壇場 具禮 乃可耳 王許之 諸將皆喜 人人各自以爲得大將 至拜大將 乃韓信也 一軍皆驚

한신을 제수하는 예를 마치자 자리에 올랐다. 왕이 말했다.

"승상께서 자주 장군을 말했는데 장군께서는 무엇으로 과인에게 계책을 가르치겠소?"

한신이 사례를 하고 이로 인해 왕에게 질문했다.

"지금 동쪽으로 향해서 천하의 권력을 다투시는데, 어찌 항왕이 아니겠습니까."

한왕이 대답했다.

"그렇소."

"대왕께서 스스로 헤아려보건대 용맹스럽고 인자하고 강력한 것이 항왕과 비교한다면 누가 낫다고 생각하십니까?"

한왕은 잠자코 한참 동안 있다가 말했다.

"내가 같지 못하오."

한신이 재배를 올리고 하례하면서 말했다.

"이 한신도 대왕께서 같지 못하다고 여깁니다. 그러나 신이 일찍이 그를 섬겼으니 청컨대 항왕의 사람됨을 말씀드리겠습니다. 항왕은 성을 내어[1] 큰소리로 꾸짖으면[2] 1,000명이 모두 쓰러질[3] 정도입니다. 그러나 어진 장수에게 믿고 맡기지 못합니다. 이것은 특히 필부匹夫의 용맹일 뿐입니다. 항왕은 사람을 만나면 공경하고 자애롭고 말씨도 온화합니다.[4] 사람에게 질병이 있으면 눈물을 흘리면서 음식을 나누어 줍니다. 그런데 사람을 부리는데 공로가 있어 작위를 봉하는데 이르러서는 도장을 만지작거리면서 차마 주지 않습니다.[5] 이것을 이른바 부녀자의 인仁이라고 합니다.

信拜禮畢 上坐 王曰 丞相數言將軍 將軍何以敎寡人計策 信謝 因問王曰 今東鄉爭權天下 豈非項王邪 漢王曰 然 曰 大王自料勇悍仁彊孰與項王 漢王默然良久 曰 不如也 信再拜賀曰 惟信亦爲大王不如也 然臣嘗事之 請言項王之爲人也 項王喑噁[1]叱咤[2] 千人皆廢[3] 然不能任屬賢將 此特匹夫之勇耳 項王見人恭敬慈愛 言語嘔嘔[4] 人有疾病 涕泣分食飮 至使人有功當封爵者 印刓敝 忍不能予[5] 此所謂婦人之仁也

① 喑噁음오

색은 喑의 발음은 '음[於金反]'이고 噁의 발음은 '오[烏路反]'이다. 음오

喑噁는 노여운 기색을 품은 것이다.

上於金反 下烏路反 喑啞 懷怒氣

② 叱咤질타

색은 '타咤' 자는 어떤 곳에는 타吒로 되어 있다. 叱의 발음은 '츌[昌栗反]'이고 咤의 발음은 '타[卓嫁反]'이다. 질타叱咤는 성내어 소리를 내는 것이다.

咤 字或作吒 上昌栗反 下卓嫁反 叱咤 發怒聲

③ 廢폐

집해 진작이 말했다. "폐廢는 수습하지 못하는 것이다."

晉灼曰 廢 不收也

색은 맹강이 말했다. "폐廢는 엎어지는 것이다." 장안이 말했다. "폐廢는 쓰러지는 것이다."

孟康曰 廢 伏也 張晏曰 廢 偃也

④ 嘔嘔후후

집해 嘔의 발음은 '후[凶于反]'이다.

音凶于反

색은 嘔의 발음은 '우吁'이다. 우우嘔嘔는 구구區區와 같다. 《한서》에는 후후姁姁로 되어 있다. 등전이 말했다. "후후姁姁는 좋아하는 것이다." 장안은 발음이 '우吁'라고 했다.

音吁 嘔嘔猶區區也 漢書作 姁姁 鄧展曰 姁姁 好也 張晏音吁

⑤ 忍不能予인불능여

집해 《한서음의》에서 말한다. "차마 주지 못하는 것이다."

漢書音義曰 不忍授

항왕은 비록 천하의 패자霸者가 되어 제후들을 신하로 삼았지만, 관중關中에 거처하지 않고 팽성에 도읍했습니다. 의제와 한 맹약을 배신하고 친애하는 자들을 왕으로 삼았으니 제후들이 불평합니다. 제후들은 항왕이 의제를 옮겨 내쫓고 강남에 둔 것을 보고, 또한 모두 돌아가서 그들의 군주를 내쫓고 스스로 왕이 되는 것을 좋아하고 있습니다.

항왕이 지나가는 곳마다 잔인하게 없애버려서 천하에 원망이 많아 백성은 친하게 따르지 않으면서도 다만 위엄과 강력함에 겁먹고 있을 뿐입니다. 명성은 비록 패자霸者가 되었으나 실제로는 천하의 마음을 잃었습니다. 그러므로 그의 강력한 것은 쉽게 약해질 것입니다.

지금 대왕께서 진실로 그 방법을 반대로 하셔서 천하의 용감한 사람에게 맡기신다면 누구인들 이기지 못하겠습니까.① 천하의 성읍을 공신에게 봉하면 어느 곳인들 복종하지 않겠습니까. 의로운 군사로써 동쪽으로 돌아간다고 생각하는 군사들을 따르게 한다면 어느 곳인들 흩뜨리지 못하겠습니까.②

또 삼진三秦의 왕들은 진나라 장수가 되어 여러 해 동안 진나라 자제들을 인솔하였는데, 이루 다 헤아릴 수 없을 정도로 죽여 없앴습니다. 또 무리들을 속여서 제후들에게 항복했는데 신안에 이르렀을 때 항왕은 진나라의 항복한 군졸 20여만 명을 속여서 구덩이에 파묻었습니다. 유독 장함章邯과 사마흔司馬欣과 동예董翳만이 벗어나 진나라 부형父兄들이 이 세 사람을 원망하는 것이 골수에 맺혀 아파하고 있습니다.

項王雖霸天下而臣諸侯 不居關中而都彭城 有背義帝之約 而以親愛王諸侯不平 諸侯之見項王遷逐義帝置江南 亦皆歸逐其主而自王善地 項王所過無不殘滅者 天下多怨 百姓不親附 特劫於威彊耳 名雖爲霸 實失天下心 故曰其彊易弱 今大王誠能反其道 任天下武勇 何所不誅[1] 以天下城邑封功臣 何所不服 以義兵從思東歸之士 何所不散[2] 且三秦王爲秦將 將秦子弟數歲矣 所殺亡不可勝計 又欺其衆降諸侯 至新安 項王詐阬秦降卒二十餘萬 唯獨邯欣翳得脫 秦父兄怨此三人 痛入骨髓

① 何所不誅하소불주

색은 무엇이든 처단하지 못하겠는가. 살펴보니 유씨가 말했다. "어느 곳이든 처단하지 못하겠느냐는 말이다."

何不誅 按 劉氏云言何所不誅也

② 何所不散하소불산

색은 무엇이든 흩뜨리지 못하겠는가. 유씨가 말했다. "동쪽으로 돌아가는 군사를 사용해서 동방의 적을 공격하니, 이렇게 하면 적이 흩어져 무너지지 아니함이 없을 것이다."

何不散 劉氏云 用東歸之兵擊東方之敵 此敵無不散敗也

지금 초나라가 강성해 위엄으로 이 세 사람을 왕으로 삼고 있으
나 진秦나라 백성은 아끼지 않고 있습니다. 대왕께서는 무관武關
으로 들어와서 털끝①만큼도 해치지 않았고, 진秦나라의 가혹한
법령을 제거하였으며 진나라 백성과 약속하여 삼장三章의 법만으
로 했을 뿐입니다.② 진나라 백성치고 대왕을 진나라 왕으로 하지
않으려는 자가 없었습니다.

제후 간의 약속에 따른다면 대왕께서 당연히 관중關中의 왕이 되
어야 한다는 것을 관중의 백성도 다 알고 있습니다. 대왕께서 (항우
때문에) 직분을 잃고 한중으로 들어가자 진나라 백성은 한탄하지
않는 자가 없었습니다. 지금 대왕께서 일어나 동쪽으로 간다면 삼
진三秦은 격문③을 전해서 평정할 수 있을 것입니다."

이에 한왕이 크게 기뻐하고 스스로 한신을 얻은 것이 늦었다고
여겼다. 마침내 한신의 계책을 듣고 여러 장수가 쳐야 할 곳을 나
누어 맡게 했다.

今楚彊以威王此三人 秦民莫愛也 大王之入武關 秋豪①無所害 除秦苛法
與秦民約 法三章耳② 秦民無不欲得大王王秦者 於諸侯之約 大王當王關
中 關中民咸知之 大王失職入漢中 秦民無不恨者 今大王舉而東 三秦可
傳檄③而定也 於是漢王大喜 自以爲得信晚 遂聽信計 部署諸將所擊

① 秋豪추호

색은 살펴보니 털은 가을이 되면 난다. 또 왕일은 《초사》에 주석하여
말했다. "가는 털을 호豪라고 하는데, 여름에는 빠지고 가을에는 난다."
案 豪秋乃成 又王逸注楚詞云 銳毛爲豪 夏落秋生也

② 約 法三章耳약 법삼장이

[신주] 유방이 관중에 들어가 진秦나라의 가혹했던 법률을 모두 폐지하고, 살인, 상해, 절도, 세 조항만 남겨 놓겠다고 약속한 것을 말한다,

③ 檄격

[색은] 살펴보니 《설문》에서 말한다. "격檄은 길이가 두 자의 문서이다." 여기서 '전격傳檄'이라고 한 것은 격서檄書를 지어 꾸짖고 정벌하는 것을 말한다.

案 說文云 檄 二尺書也 此云 傳檄 謂爲檄書以責所伐者

명장 한신

8월, 한왕이 군사를 일으켜 동쪽 진창陳倉^①으로 나가 삼진三秦을 평정했다.

한왕 2년, 함곡관으로 나가^② 위魏와 하남河南을 거두었고 한왕韓王과 은왕殷王은 모두 항복했다.^③ 제齊나라, 조趙나라와 연합해 함께 초나라를 공격했다.

4월, 팽성에 이르렀지만, 한漢나라 군사는 패해 흩어져 돌아왔다. 한신이 다시 군사를 수습해 한왕과 함께 형양에 모여 다시 초나라 경京과 삭索 사이를 공격해 쳐부수었다. 이런 까닭으로 초나라 군사는 끝내 서쪽으로 오지 못했다. 한나라가 팽성에서 무너져 퇴각하게 되자^④ 새왕塞王 사마흔과 적왕翟王 동예董翳는 한나라에서 도망쳐 초나라에 항복했고, 제나라와 조나라도 한나라를 배반하고 초나라와 화친했다.

八月 漢王舉兵東出陳倉^① 定三秦 漢二年 出關^② 收魏河南 韓殷王皆降^③ 合齊趙共擊楚 四月 至彭城 漢兵敗散而還 信復收兵與漢王會滎陽 復擊破楚京索之間 以故楚兵卒不能西 漢之敗卻彭城^④ 塞王欣翟王翳亡漢降楚 齊趙亦反漢與楚和

① 陳倉진창

정의 한왕이 관 북쪽에서부터 기주 진창현으로 나간 것이다.

漢王從關北出岐州陳倉縣

② 出關출관

정의 함곡관으로 나간 것이다.

出函谷關

③ 韓殷王皆降한은왕개항

신주 《사기지의》에서 말한다. "〈고조본기〉에는 한왕韓王 정창鄭昌이 저항해 쳐부수었다고 했으나 여기서는 항복했다고 하니, 잘못된 것이다."

④ 敗卻彭城패각팽성

정의 군사가 팽성에서 무너져 흩어져 퇴각한 것이다.

兵敗散彭城而卻退

6월, 위왕 위표魏豹가 부모를 배알하고 병을 돌본다고 돌아가서 국가에 이르자 곧바로 하수의 관문①을 차단하여 한나라를 배신하고 초나라와 화친을 맺었다. 한왕은 역생酈生으로 하여금 위표를 설득하게 했는데 항복하지 않았다.

그해 8월, 한신이 좌승상이 되어 위나라를 공격했다. 위왕은 포판蒲坂에서 수많은 군사로 임진臨晉②을 막았는데, 한신은 곧 거짓

으로 군사를 늘려놓고③ 배를 배치해서 임진을 건너는 척 하다
가④ 군사를 매복시켜 하양夏陽을 따라 나무로 항아리 같은 것을
만들어 군사들을 건너게 하여⑤ 안읍安邑⑥을 습격했다.

六月 魏王豹謁歸視親疾 至國 卽絶河關①反漢 與楚約和 漢王使酈生說
豹 不下 其八月 以信爲左丞相 擊魏 魏王盛兵蒲坂 塞臨晉② 信乃益爲
疑兵③ 陳船欲度臨晉④ 而伏兵從夏陽以木罌瓿渡軍⑤ 襲安邑⑥

① 河關하관

색은 지금의 포진관을 말한다.

謂今蒲津關

신주 위표가 돌아가서 배반한 것은 5월이다. 여기서는 앞서 6월이라
하여 잘못되었다.

② 塞臨晉새임진

색은 塞의 발음은 '슥[先得反]'이다. 임진은 현 이름이고 하수 동쪽의 동
쪽 기슭에 있다. 구관舊關을 마주하고 있다.

塞音先得反 臨晉 縣名 在河東之東岸 對舊關也

③ 益爲疑兵익위의병

집해 《한서음의》에서 말한다. "깃발을 늘려 펼쳐서 적이 의심하게 하
는 것이다."

漢書音義曰 益張旂旗 以疑敵者

④ 陳船欲度臨晉진선욕도임진

색은 유씨가 말했다. "진선陳船은 지명이고 구관舊關 서쪽에 있으며 지금의 조읍朝邑이 이곳이다." 살펴보니 경조京兆에 선사공현船司空縣이 있고 '진선陳船'이라고 이름하지 않았다. 진선陳船은 배를 늘어놓아 하수를 건너고자 한 것이다.

劉氏云 陳船 地名 在舊關之西 今之朝邑是也 案 京兆有船司空縣 不名 陳船 陳船者 陳列船艘欲渡河也

⑤ 以木罌缻渡軍이목앵부도군

집해 서광이 말했다. "부缻는 다른 판본에는 '부缶'로 되어 있다." 복건이 말했다. "나무로 동이를 겹쳐 묶어서 건넌 것이다." 위소가 말했다. "나무로 그릇을 만들어 동이와 같게 해서 군사를 건넨 것이다. 배가 없으니 또 오히려 비밀이 되었다."

徐廣曰 缻 一作缶 服虔曰 以木押縛罌缻以渡 韋昭曰 以木爲器如罌缻 以渡軍 無船 且尙密也

정의 살펴보니 한신이 거짓으로 배를 임진에 늘어놓아 하수를 건너고자 했으며 곧 하양에서 나무로 동이를 겹쳐 묶어서 군사를 건너게 해 안읍을 습격한 것이다. 임진은 동주同州 동쪽 조읍 영역이다. 하양은 동주 북쪽 위성 영역에 있다.

按 韓信詐陳列船艘於臨晉 欲渡河 卽此從夏陽木押罌缻渡軍 襲安邑 臨晉 同州東朝邑界 夏陽在同州北渭城界

신주 동주同州는 한나라 때 풍익군으로 장안 동쪽이고 하동군 서쪽이다. 한신은 안읍으로 바로 통하는 포판진을 건너지 않고 주력을 북쪽으로 돌려 하양에서 건너 북쪽 길을 따라 안읍을 습격한 것이다.

⑥ 安邑안읍

정의 안읍 옛 성은 강주 하현 동북쪽 15리에 있다.

安邑故城在絳州夏縣東北十五里

> 위왕 표는 놀라 군사를 이끌고 한신을 맞았는데, 한신은 마침내 위표를 사로잡고[1] 위나라를 평정하여 하동군[2]으로 만들었다. 한왕漢王은 장이를 보내 한신과 함께 군사를 이끌고 동쪽으로 가서 북쪽에서 조趙와 대代를 공격하게 했다.
>
> 9개월 뒤에 대代의 군사를 쳐부수고 하열夏說을 알여 땅[3]에서 사로잡았다. 한신이 위나라를 함락하고 대代를 쳐부수자, 한나라는 번번이 사람을 시켜서 그 정예병을 거두어 형양으로 나가 초나라를 막았다.
>
> 魏王豹驚 引兵迎信 信遂虜豹[1] 定魏爲河東郡[2] 漢王遣張耳與信俱 引兵東 北擊趙代 後九月 破代兵 禽夏說閼與[3] 信之下魏破代 漢輒使人 收其精兵 詣滎陽以距楚

① 虜豹노표

색은 살펴보니 유씨가 말했다. "하양에는 예부터 배가 없어 위표는 거기에 대비하지 않고 임진만 방어했을 뿐이다. 지금 안읍이 습격당해 위표는 마침내 항복했다."

按 劉氏云 夏陽舊無船 豹不備之 而防臨晉耳 今安邑被襲 故豹遂降也

② 河東郡하동군

정의 지금의 안읍현 옛 성이다.

今安邑縣故城

③ 閼與알여

집해 서광이 말했다. "與의 발음은 '여余'이다." 살펴보니 이기가 말했다. "하열은 대代의 재상이다."

徐廣曰 音余 駰案 李奇曰 夏說 代相也

색은 사마표의 《속한서》〈군국지〉에는 상당군 첨현에 알여취閼與聚가 있다. 閼의 발음은 '갈曷' 또는 '언嫣'이다. 與의 발음은 '여余' 또는 '예預'이다. 沾의 발음은 '텸[他廉反]'이다.

司馬彪郡國志上黨沾縣有閼與聚 閼音曷 又音嫣 與音余 又音預 沾音他廉反

정의 알여취성은 노주 동제현 서북쪽 20리에 있다.

閼與聚城在潞州銅鞮縣西北二十里

신주 〈군국지〉에는 沾이 아니라 涅이라 했으니 《색은》의 저자 사마정이 글자를 잘못 쓴 듯하다. 열현의 알여는 〈염파인상여열전〉에서 나오는데, 조나라 장군 조사趙奢가 진秦나라 군사를 대파했던 그 알여이다. 하열은 당시 대왕代王 신분이던 진여가 조왕을 보좌하기 위해 조나라에 남은 관계로 진여 대신 책임지고 대나라를 관리하던 인물이다. 아마 위표가 무너지자 멀리까지 나와서 한신과 대적했음을 알 수 있다.

한신과 장이張耳는 군사 수만 명과 동쪽 정형井陘^①으로 내려가서 조나라를 공격하고자 했다. 조왕과 성안군成安君 진여陳餘는 한나라에서 또 습격한다는 소식을 듣고 군사를 정형구井陘口^②로 집합시키고 20만 명의 군사라고 떠들어댔다. 광무군廣武君 이좌거李左車는 성안군을 설득했다.

"듣자니 한나라 장수 한신은 서하를 건너 위왕을 포로로 잡고 하열夏說을 사로잡았으며 새로이 알어에서 피를 밟았다^③고 합니다. 이제 곧 장이를 보좌로 하여 의논해서 조나라를 함락하고자 합니다. 이들은 승세를 타고 나라를 떠나 멀리서 싸우니, 그 날카로움을 당해내지 못할 것입니다.

신이 듣건대 1,000리 밖에서 양식을 조달하니 군사의 얼굴에는 굶주린 기색이 있고, 땔나무와 풀을 취한^④ 다음에 밥을 지으니 군사들은 충분히 자고 배불리 먹지 못한다고 합니다. 지금 정형의 길은 수레가 나란히 지나갈 수 없고 기병이 대오를 이루지 못하여 행렬이 수백 리에 달할 것이니, 그 형세로 보아 양식은 반드시 그 후방에 있을 것입니다.

信與張耳以兵數萬 欲東下井陘^①擊趙 趙王成安君陳餘聞漢且襲之也 聚兵井陘口^② 號稱二十萬 廣武君李左車說成安君曰 聞漢將韓信涉西河 虜魏王 禽夏說 新喋血^③閼與 今乃輔以張耳 議欲下趙 此乘勝而去國遠鬪 其鋒不可當 臣聞千里饋糧 士有飢色 樵蘇^④後爨 師不宿飽 今井陘之道 車不得方軌 騎不得成列 行數百里 其勢糧食必在其後

① 井陘정형

색은 살펴보니 〈지리지〉에서 상산군 석읍현은 정형산 서쪽에 있다고

했다. 또 《목천자전》에서 "형산陘山의 굴에 이르러 삼도三道의 돌다리를

올랐다."라고 한 것이 이것이다.

案 地理志常山石邑縣 井陘山在西 又穆天子傳云 至于陘山之隊 升于三道之磴

是也

② 井陘口정형구

정의 정형井陘의 옛 관關은 병주 석애현 동쪽 18리에 있는데 곧 정형구

이다.

井陘故關在幷州石艾縣東十八里 卽井陘口

신주 〈장이진여열전〉에서 살펴본 것처럼, 한신은 태행산맥을 동서로

관통하는 호타수 물줄기를 따라 조나라 북쪽에서 쳐들어온 것이다. 아

마 대代 지역을 평정하기 위해 북쪽으로 군사를 돌려 쳐들어왔을 것으로

보인다.

③ 喋血첩혈

색은 喋의 옛 발음이 '삽歃'이라고 한 것은 잘못된 것이다. 살펴보니

《한서》〈진탕전〉에는 "첩혈만리지외喋血萬里之外"라는 말이 있는데, 여순

이 말했다. "사람을 죽여 피가 줄줄 흐르는 것이다." 위소는 喋의 발음을

'뎝[徒協反]'이라고 했다.

喋 舊音歃 非也 案 陳湯傳 喋血萬里之外 如淳云 殺人血流滂沱也 韋昭音徒

協反

④ 樵蘇초소

집해 《한서음의》에서 말한다. "초樵는 땔나무를 채취하는 것이고, 소蘇는 풀을 채취하는 것이다."

漢書音義曰 樵 取薪也 蘇 取草也

원컨대 족하께서 신에게 기습할 군사 3만 명을 빌려주시면 샛길로 따라가서 그의 군수품의 보급로를 끊겠습니다. 족하께서는 해자垓字를 깊이 파고 보루를 높이 쌓고 계시면서 군영을 굳게 하고 어울려 싸우지 마십시오. 저들이 앞에서 싸우지 못하고 물러나서 돌아가지 못하면, 내가 기습하는 군사로 그 후방을 차단해 들판에서 노략질도 할 수 없게 하면 10일이 되지 않아 두 장군의 머리를 휘하에 이르게 할 수 있습니다. 원컨대 군君께서는 신의 계책에 유의하십시오. 그렇지 않으면 반드시 두 사람에게 사로잡힐 것입니다."

성안군은 유자儒者여서 항상 의로운 군사로 일컫고 기만술이나 위장술을 사용하지 않는다고 하면서 말했다.

"내가 듣건대 '병법에는 군사가 열 배가 되면 적을 포위하고 갑절이 되면 싸운다.'라고 했소. 지금 한신의 군사는 수만 명이라고 떠들지만, 그 실상은 수천 명에 지나지 않소. 1,000리를 넘어서 우리를 습격하는 것이니 또한 이미 지극히 피로할 것이오. 지금 이와 같은 것을 피하고 공격하지 않았다가 뒤에 대군이 있다면 무엇으로 보태겠소? 곧 제후들은 우리를 겁쟁이라고 이르고 가볍게 와서 우리를 정벌할 것이오."

광무군의 계책을 듣지 않아서 광무군의 계책은 쓰이지 못했다.

願足下假臣奇兵三萬人 從間道絕其輜重 足下深溝高壘 堅營勿與戰 彼前不得鬪 退不得還 吾奇兵絕其後 使野無所掠 不至十日 而兩將之頭可致於戲下 願君留意臣之計 否 必爲二子所禽矣 成安君 儒者也 常稱義兵不用詐謀奇計 曰 吾聞兵法十則圍之 倍則戰 今韓信兵號數萬 其實不過數千 能千里而襲我 亦已罷極 今如此避而不擊 後有大者 何以加之 則諸侯謂吾怯 而輕來伐我 不聽廣武君策 廣武君策不用

한신이 사람을 시켜 조나라를 살펴보게 했는데, 그들이 (광무군의 계책을) 사용하지 않는다는 것을 알고 돌아와서 보고하자 크게 기뻐하고, 이에 과감히 군사를 이끌고 마침내 내려가[1] 정형구井陘口의 30리에 못 미쳐 머물러 주둔했다. 한밤중에 군중에 영을 내려[2] 날랜 기병 2,000명을 뽑아 사람마다 한 개의 붉은 기를 가지게 하고 샛길을 따라 산에 숨어서[3] 조나라 군사를 바라보도록 하고 타일렀다.

"조나라는 우리가 달아나는 것을 보면 반드시 방벽을 비워 두고 우리를 쫓을 것이다. 너희들은 신속하게 조나라 방벽으로 들어가 조나라 깃발을 뽑고 한나라 붉은 깃발을 꽂아라."

韓信使人間視 知其不用 還報 則大喜 乃敢引兵遂下[1] 未至井陘口三十里 止舍 夜半傳發[2] 選輕騎二千人 人持一赤幟 從間道萆山[3]而望趙軍 誡曰 趙見我走 必空壁逐我 若疾入趙壁 拔趙幟 立漢赤幟

① 遂下수하

[정의] 군사를 이끌고 정형井陘의 좁은 길로 들어가 조나라로 나갔다.

引兵入井陘狹道 出趙

② 傳發전발

[집해] 《한서음의》에서 말한다. "군중軍中에서 명령을 전해 발동시키게 한 것이다."

漢書音義曰 傳令軍中使發

③ 萆山폐산

[집해] 여순이 말했다. "萆의 발음은 '폐蔽'이다. 산에 의지해 스스로 엎드려 숨은 것이다."

如淳曰 萆音蔽 依山自覆蔽

[색은] 살펴보니 샛길의 소로를 따라 앞으로 가다가 진여의 군영이 바라보이면 즉시 멈추고, 거듭 모름지기 산에 숨어 몸을 감추고 조나라 군사로 하여금 알지 못하게 하라는 말이다. 萆의 발음은 '폐蔽'이다. 폐蔽는 덮는다는 뜻이다. 《초한춘추》에는 비산卑山으로 되어 있고, 《한서》에는 비산箄山으로 되어 있다. 《설문》에서, 비箄는 숨기는 것이며, 부수는 죽竹을 따르고 소리는 비卑에서 나왔다고 한다.

案 謂令從間道小路向前 望見陳餘軍營即住 仍須隱山自蔽 勿令趙軍知也 萆音蔽 蔽者 蓋覆也 楚漢春秋作 卑山 漢書作 箄山 說文云 箄 蔽也 從竹卑聲

[신주] 萆가 덮는다는 뜻으로 쓰이면 萆의 발음은 '폐蔽'이고 뜻도 폐蔽와 같다는 말이다.

그 비장들을 시켜 식사① 명령을 전달하게 하면서 말했다.

"오늘 조나라를 처부수고 회식②을 하겠다."

여러 장수는 모두 믿지는 않았지만 거짓으로 응대했다.

"알겠습니다."

또 군리軍吏에게 말했다.

"조나라는 이미 먼저 편리한 땅을 점거해서 방벽을 만들었다. 또 저들은 우리 대장기와 북소리를 보지 못하면 기꺼이 공격해 앞으로 나서지 않을 것이며, 아마 우리가 험준하고 막힌 곳에 이르렀다가 돌아갈 것이라 여길 것이다."

한신은 그래서 1만 명을 시켜서 먼저 떠나게 했는데, 나가서 강물을 등지는 진[배수진背水陣]③을 쳤다. 조나라 군대는 바라보고 크게 웃었다. 동이 틀 무렵, 한신이 대장기와 북을 세우고 북을 치면서 정형구로 나가자 조나라는 방벽④을 열고 공격했다. 한참 동안 크게 싸웠다. 이에 한신과 장이가 거짓으로 북과 깃발을 버리고 강가 진지로 달아났다. 강가 군대는 진지를 열고 그들을 받아들여 다시 힘껏⑤ 싸웠다.

令其裨將傳飱① 曰 今日破趙會食② 諸將皆莫信 詳應曰 諾 謂軍吏曰 趙已先據便地爲壁 且彼未見吾大將旗鼓 未肯擊前行 恐吾至阻險而還 信乃使萬人先行 出 背水陳③ 趙軍望見而大笑 平旦 信建大將之旗鼓 鼓行出井陘口 趙開壁④擊之 大戰良久 於是信張耳詳棄鼓旗 走水上軍 水上軍開入之 復疾⑤戰

① 飱손

집해 서광이 말했다. "飱의 발음은 '손飱'이다."

徐廣曰 音飱也

② 會食회식

집해 복건이 말했다. "주둔지에 식사 명령을 전해 세운 것이다." 여순이 말했다. "가볍게 먹는 것을 찬飱이라 한다. 조나라를 쳐부순 뒤에 함께 포식하는 것이 마땅하다는 말이다."

服虔曰 立駐傳飱食也 如淳曰 小飯曰飱 言破趙後乃當共飽食也

색은 여순이 말했다. "가볍게 먹는 것을 찬飱이라 한다. 주둔지에 식사 명령을 전해 세운 것을 이르며, 조나라를 쳐부수는 것을 기다려 대대적으로 먹겠다는 뜻이다."

如淳曰 小飯曰飱 謂立駐傳飱 待破趙乃大食也

③ 背水陳배수진

정의 면만수縣蔓水로 일명 부장阜將이며 일명 회성回星이다. 병주에서부터 흘러 정형 영역으로 들어가는데 곧 한신이 배수진을 쳐 죽을 땅으로 빠지게 한 것이 곧 이 물줄기이다.

縣蔓水 一名阜將 一名回星 自幷州流入井陘界 即信背水陣陷之死地 即此水也

④ 壁벽

정의 항주恆州 녹천현은 곧 육국 시대 조나라 방벽이다.

恆州鹿泉縣 即六國時趙壁也

⑤ 疾질

질疾은 '힘을 다해, 힘껏'이라는 뜻이다.

조나라는 과연 군영을 열고 한나라 북과 깃발을 다투며 한신과 장이를 쫓았다. 한신과 장이가 이미 강가의 군진으로 들어가자 군대가 모두 죽기로 싸우니 패배시킬 수 없었다. 한신이 내보낸 기습병력 2,000기병은 함께 조나라가 방벽을 비우고 전리품을 좇는 것을 엿보고, 곧 조나라 방벽으로 달려서 들어가 모든 조나라 깃발을 뽑고 한나라 붉은 깃발 2,000개를 세웠다.

조나라 군사는 이미 승리하지도 못했고 한신 등도 잡지 못해서 군영으로 돌아오고자 했으나, 군영에는 모두 한나라 붉은 깃발이 세워져 있으니 크게 놀라서 한나라가 모두 이미 조나라 왕과 장수를 잡은 것으로 생각하고 마침내 어지러워져서 숨고 달아났는데, 조나라 장수들이 비록 그들을 참수해도 능히 막지 못했다.

이에 한나라 군사는 (양쪽에서) 협공하여 조나라 군사들을 크게 쳐부수고 포로로 잡았으며, 성안군을 지수泜水^① 가에서 베고 조왕 헐歇을 사로잡았다.

趙果空壁爭漢鼓旗 逐韓信張耳 韓信張耳已入水上軍 軍皆殊死戰 不可敗 信所出奇兵二千騎 共候趙空壁逐利 則馳入趙壁 皆拔趙旗 立漢赤幟二千 趙軍已不勝 不能得信等 欲還歸壁 壁皆漢赤幟 而大驚 以爲漢皆已得趙王將矣 兵遂亂 遁走 趙將雖斬之 不能禁也 於是漢兵夾擊 大破虜趙軍 斬成安君泜水^①上 禽趙王歇

① 泜水지수

서광이 말했다. "泜의 발음은 '지遲'이다."

徐廣曰 泜音遲

서광은 '지遲'로 유씨는 '지脂'로 발음한다고 했다.

徐廣音遲 劉氏音脂

한신이 이에 군중에 영을 내려 광무군廣武君을 죽이지 말라고 하고, 생포한 자에게는 1,000금의 상금을 준다고 했다. 이에 광무군을 포박해 휘하에 이르게 한 자가 있었으며, 한신은 그의 결박을 풀어주어 동쪽으로 향해 앉게 하고 서쪽으로 향해 마주 앉아 스승으로 섬겼다.

여러 장수가 수급首級과 포로들을 바치고① 축하를 마치고 나서 한신에게 물었다.

"병법에는 오른쪽과 등 뒤에는 산과 능선을 두고 앞과 왼쪽에는 물과 연못을 두라고 했는데, 지금의 장군께서는 신들에게 도리어 배수진背水陣을 치도록 명령하고 '조나라를 쳐부수고 회식하겠다.'라고 했을 때 신들은 복종하지 않았습니다. 그러나 끝내 승리했는데 이것은 어떤 술책입니까?"

信乃令軍中毋殺廣武君 有能生得者購千金 於是有縛廣武君而致戲下者 信乃解其縛 東鄕坐 西鄕對 師事之 諸將效①首虜 (休)畢賀 因問信曰 兵法右倍山陵 前左水澤 今者將軍令臣等反背水陳 曰破趙會食 臣等不服 然竟以勝 此何術也

① 效효

색은　여순이 말했다. "효效는 치致이다." 진작이 말했다. "효效는 수數 이다." 정현은 《예기》에 주석하였다. "효效는 드러내 나타내는 것과 같다." 如淳曰 效 致也 晉灼云 效 數也 鄭玄注禮 效猶呈見也

한신이 말했다.

"이것도 병법에 있는데 다만 그대들이 살피지 못했을 뿐이오. 병법에 '죽을 땅에 빠뜨린 후에야 살 수 있고 망할 곳에 둔 후에야 보존한다.'라고 하지 않았는가? 또 나는 평소 제대로 훈련받은 사대부들을 얻은 것이 아니니, 이것이 이른바 '시장 사람들을 몰아서 싸우게 하였다.'라는 것이니, 그 형세로 죽을 땅에 두지 않았다면 사람마다 스스로 싸우게 할 수 있겠소? 지금 살아날 여지를 주었다면 모두 달아났을 것이니 어떻게 붙잡아 놓고 쓸 수 있겠소."

여러 장수가 모두 복종해서 말했다.

"훌륭합니다. 신들이 미칠 바가 아닙니다."

이에 한신이 광무군에게 물었다.

"저는 북으로 연나라를 공격하고 동으로 제나라를 정벌하고자 하는데 어떻게 하면 공로를 세울 수 있겠습니까."

광무군이 사절해서 말했다.

"신이 듣건대 '패배한 군대의 장군은 용기를 말할 수 없고 망한 국가의 대부는 보존을 도모할 수 없다.'라고 했습니다. 지금 신은 패망한 포로인데 어찌 큰일을 저울질할 수 있겠습니까?"

한신이 말했다.

"제가 들었습니다. 백리해百里奚가 우虞나라에 살 때는 우나라가 망했고, 진秦나라에 있을 때는 진나라가 패자覇者가 되었다고 하는데, 우나라에서는 어리석었고 진나라에서는 지혜로웠던 것이 아니었습니다. (그를) 등용했는지 등용하지 않았는지, (그의 계책을) 들어주었는지 들어주지 않았는 지에 달려있었습니다. 진실로 성안군에게 족하의 계책을 들어주게 했더라면, 저 같은 자도 이미 포로가 되었을 것입니다. (성안군이) 족하를 쓰지 않았기 때문에 제가 모시게 되었을 뿐입니다."

信曰 此在兵法 顧諸君不察耳 兵法不曰 陷之死地而後生 置之亡地而後存 且信非得素拊循士大夫也 此所謂 驅市人而戰之 其勢非置之死地 使人人自爲戰 今予之生地 皆走 寧尙可得而用之乎 諸將皆服曰 善非臣所及也 於是信問廣武君曰 僕欲北攻燕 東伐齊 何若而有功 廣武君辭謝曰 臣聞敗軍之將 不可以言勇 亡國之大夫 不可以圖存 今臣敗亡之虜 何足以權大事乎 信曰 僕聞之 百里奚居虞而虞亡 在秦而秦霸 非愚於虞而智於秦也 用與不用 聽與不聽也 誠令成安君聽足下計 若信者亦已爲禽矣 以不用足下 故信得侍耳

이에 따라 진실하게 질문했다.

"저는 마음을 맡기고 계책을 맡긴 것이니 원컨대 족하께서는 사양하지 마십시오."

광무군이 대답했다.

"신이 듣건대, 지혜로운 자라도 천 번 생각하면 반드시 한 번 실수가 있고 어리석은 자라도 천 번 생각하면 반드시 한 번은 얻는다고 했습니다. 그러므로 '미치광이의 말이라도 성인聖人께서는 선택한다.'라고 했습니다.

돌아보면 아마 신의 계책이 반드시 쓰기에 만족스럽지 못할 것이나, 원컨대 어리석은 충성을 드러내 보겠습니다. 대저 성안군은 백전백승의 계책을 가지고 있지만 하루아침에 잃어버려, 군대는 호부① 아래서 패배했고 자신은 지수泜水 주변에서 죽었습니다. 지금 장군께서 서하西河②를 건너 위왕魏王을 포로로 잡고 하열夏說을 알여에서 사로잡았으며, 한꺼번에 정형井陘을 함락하고 아침이 끝나지도 않아서 조나라 20만 군사를 쳐부수고 성안군을 처단했습니다.

명성이 온 천하에 알려졌고 위세가 천하를 떨게 하니 농부들도 밭 갈기를 그치고 쟁기를 풀어놓고 고운 옷을 입고 맛있는 음식을 먹으려고③ 귀를 기울이며 명령을 기다리지 않는 자가 없게 되었습니다.④ 이와 같은 것은 장군의 장점입니다.

因固問曰 僕委心歸計 願足下勿辭 廣武君曰 臣聞智者千慮 必有一失 愚者千慮 必有一得 故曰 狂夫之言 聖人擇焉 顧恐臣計未必足用 願效愚忠 夫成安君有百戰百勝之計 一旦而失之 軍敗鄗①下 身死泜上 今將軍涉西河② 虜魏王 禽夏說閼與 一舉而下井陘 不終朝破趙二十萬衆 誅成安君 名聞海內 威震天下 農夫莫不輟耕釋耒 褕衣甘食③ 傾耳以待命者④ 若此 將軍之所長也

① 鄗호

집해 이기가 말했다. "鄗의 발음은 '확臛'이다. 지금의 고읍이 이곳이다."

李奇曰 鄗音臛 今高邑是

② 西河서하

색은 이곳의 서하는 당연히 풍익군일 것이다.

此之西河當馮翊也

정의 즉 동주의 용문하로, 하양을 따라 건넌 것이다.

卽同州龍門河 從夏陽度者

③ 褕衣甘食유의감식

색은 褕의 발음을 추탄생은 '유蹂'로 발음하며 아름다움이라고 했다. 아마 멸망한 지 오래지 않아서 일하는 것을 그만두고 아름다운 옷과 맛있는 음식을 먹으려는 것을 날마다 탐하여 진실로 머뭇거리는데, 생각해도 꾀하지 못한 지 오래되었기 때문이다. 《한서》에는 '호화로운 옷과 좋은 음식[靡衣婾食]'이라고 했다.

褕 鄒氏音蹂 美也 恐滅亡不久 故廢止作業而事美衣甘食 日偷苟且也 慮不圖久故也 漢書作靡衣婾食也

신주 진나라가 망한 지가 오래되지 않았기 때문에 옛날에 각국에서 생업에 힘쓰던 사람들이 하던 일을 팽개치고 한신에게 쓰여서 좋은 옷과 맛난 음식을 기대한다는 말이다.

④ 傾耳以待命者경이이대명자

여순이 말했다. "오래되지 않아 멸망할 것을 두려워하는 것이다."

如淳曰 恐滅亡不久故也

그러나 백성들이 고생스럽고 군사들이 피곤하면 실상 쓰기가 어렵습니다. 지금 장군은 피곤하고 지쳐 있는 군사들을 일으켜 금방 연나라 견고한 성 아래 가서 싸우고자 하시는데 아마 오래도록 힘써도 함락하지 못할 것입니다. 실상은 드러나고 형세는 꺾일 것이며 시일을 끌어 식량이 바닥날 것이니 약한 연나라조차 항복하지 않을 것이며 제나라는 반드시 국경을 막아 스스로 강해질 것입니다.

연나라와 제나라가 서로 버티고 함락되지 않으면, 유방과 항우의 권력은 나눌 것이 없게 될 것입니다.[①] 이와 같은 것은 장군의 단점입니다. 신은 어리석으니 가만히 생각해 보면 또한 지나치다고 생각됩니다. 그러므로 군사를 잘 사용하는 자는 단점을 가지고 장점을 치지 않고 장점을 가지고 단점을 친다고 했습니다."

한신이 말했다.

"그렇다면 어떻게 해야 하겠습니까?"

然而衆勞卒罷 其實難用 今將軍欲擧倦獘之兵 頓之燕堅城之下 欲戰恐久力不能拔 情見勢屈 曠日糧竭 而弱燕不服 齊必距境以自彊也 燕齊相持而不下 則劉項之權未有所分也[①] 若此者 將軍所短也 臣愚 竊以爲亦過矣 故善用兵者不以短擊長 而以長擊短 韓信曰 然則何由

① 燕齊相持～權未有所分也연제상지~권미유소분야

신주 연나라와 제나라가 버티고 함락되지 않으면, 이들이 누구 편에 붙을지 모르니 천하 권력의 향배는 항우와 유방 중에 누구에게 있을지 모른다는 말이다.

광무군이 대답했다.

"지금 장군을 위해 계획한다면, 병기를 점검하고 군사를 휴식시키며 조나라를 다독이고 그 고아들을 어루만지면 100리 안에서 소고기와 술이 날마다 이를 것이니, 사대부에게 잔치를 열고 병사들을 대접하십시오.① 북으로 연나라 길로 머리를 돌려② 뒤에 말 잘하는 사인을 보내 간단한 편지③를 받들어 우리 쪽의 장점을 연나라에 드러내면④ 연나라는 반드시 감히 따르지 않을 수 없을 것입니다.

연나라가 이미 따르게 되면 말 잘하는 자를 보내서 동쪽 제나라에 고하게 하면 제나라는 반드시 바람을 따르듯 복종할 것입니다. 비록 지혜로운 자가 있더라도 제나라를 위한 계책을 알지 못할 것입니다. 이렇게 하시면 천하의 일은 모두 그려볼 수 있을 것입니다. 병법에 '진실로 먼저 허장성세를 부린 뒤에 실상이 있다'는 것은 이런 것을 이르는 것입니다."

한신이 말했다.

"좋은 말씀입니다."

그의 계책을 따라 사신을 연나라로 보내자 연나라가 바람을 따르듯 복종했다. 이에 사신을 보내 한漢나라에 보고하고 이로 인해 장이를 세워 조나라 왕으로 삼아 그 나라를 다독이고 어루만지게 할 것을 청했다. 한왕이 허락하여 이에 장이를 세워 조왕으로 삼았다.⑤

廣武君對曰 方今爲將軍計 莫如案甲休兵 鎭趙撫其孤 百里之內 牛酒日至 以饗士大夫醳兵① 北首②燕路 而後遣辯士奉咫尺③之書 暴④其所長於燕 燕必不敢不聽從 燕已從 使諠言者東告齊 齊必從風而服 雖有智者 亦不知爲齊計矣 如是 則天下事皆可圖也 兵固有先聲而後實者 此之謂也 韓信曰 善 從其策 發使使燕 燕從風而靡 乃遣使報漢 因請立張耳爲趙王 以鎭撫其國 漢王許之 乃立張耳爲趙王⑤

① 醳兵역병

[집해] 《위도부》에서 말한다. "안주와 진한 술을 때맞춰 내는 것이다." 유규가 말했다. "역醳은 술이다."

魏都賦曰 肴醳順時 劉逵曰 醳酒也

[색은] 유씨는 유규의 음을 따랐다. 역주醳酒는 술과 음식으로 병사들을 먹이는 것을 이른다. 살펴보니 《사기》에서 옛 석釋 자를 모두 이처럼 기록했는데 어찌 또한 술과 음식으로 병사들을 풀어놓았다고 말했을 것이며 옛 글자는 유酉 부수를 따르게 하였겠는가.

劉氏依劉逵音 醳酒謂以酒食養兵士也 案 史記古釋字皆如此作 豈亦謂以酒食醳兵士 故字從酉乎

[신주] 위에 [색은] 주석에 醳 자는 술과 음식으로 대접한다는 뜻으로 醳 자는 옛날에 釋 자로 쓰이지 않았다는 것이다.

② 首수

정의 首의 발음은 '수狩'이며 향한다는 뜻이다.

首音狩 向也

③ 咫尺지척

정의 지척은 여덟 치이다. 편지를 쓰는 대쪽이나 긴 자를 이른다.

咫尺 八寸 言其簡牘或長尺也

④ 暴폭

정의 暴의 발음은 '복僕'이다.

暴音僕

⑤ 張耳爲趙王장이위조왕

신주 장이가 조왕이 된 것은 〈장이진여열전〉 주석에서 "한나라 4년 11월이나 혹《한서》에서는 4년 여름"이라고 했다. 〈진초지제월표〉에서도 4년 11월이라 하니, 그때는 한신이 제나라를 쳐부수고 초나라 구원 장수 용저마저 해치운 무렵이다. 따라서 한참 뒤의 일을 미리 앞당겨 기록한 것으로 보인다.

초나라는 자주 기병奇兵을 보내 하수를 건너서 조나라를 공격했다. 조왕 장이와 한신이 오가면서 조나라를 구원하고 이로 인해 가는 곳마다 조나라 성과 읍을 평정하고 군사를 징발해서 한漢나라에 보냈다.

초나라가 바야흐로 급박하게 형양에서 한왕을 포위하자, 한왕은 남쪽으로 탈출하여 완宛과 섭葉 사이[①]로 가 경포黥布를 만나 성고成皋로 달려 들어갔으나 초나라에서 또다시 급하게 포위했다.

6월, 한왕은 성고에서 나와 동으로 하수를 건너 홀로 등공滕公과 함께 장이를 따라 수무脩武에 주둔했다. 이곳에 이르러서 역마을 관사에서 묵었다. 새벽에 (한왕은) 스스로 한나라 사신을 사칭하고 달려서 조나라 방벽으로 들어갔다. 장이와 한신은 아직 기상하지 않았는데 곧 그들이 자는 곳으로 들어가 곧 그들의 침실 안에 있던 인수와 부절을 빼앗고 휘하의 모든 장수를 불러서 바꾸어 배치했다. 한신과 장이는 일어나서 이에 한왕이 온 것을 알아차리고 크게 놀랐다.

한왕은 두 사람의 군사들을 빼앗고 곧바로 장이에게 명해 조나라 땅을 수비하게 하고 한신을 제수해 상국으로 삼아 조나라 병사들로 징발되지 않은 자들[②]을 수습해 제나라를 치도록 했다.

楚數使奇兵渡河擊趙 趙王耳韓信往來救趙 因行定趙城邑 發兵詣漢 楚方急圍漢王於滎陽 漢王南出 之宛葉間[①] 得黥布 走入成皋 楚又復急圍之 六月 漢王出成皋 東渡河 獨與滕公俱 從張耳軍脩武 至 宿傳舍 晨 自稱漢使 馳入趙壁 張耳韓信未起 即其臥內上奪其印符 以麾召諸將 易置之 信耳起 乃知漢王來 大驚 漢王奪兩人軍 即令張耳備守趙地 拜韓信爲相國 收趙兵未發者[②]擊齊

① 宛葉間완섭간

정의 완은 등주에 있다. 섭은 허주에 있다.

宛在鄧州 葉在許州

② 未發者미발자

집해 문영이 말했다. "조나라 사람으로 일찍이 징발되지 않은 자를 이른다."

文穎曰 謂趙人未嘗見發者

괴통의 제안을 거절한 한신

한신이 군사를 이끌고 동쪽으로 가서 평원平原^①을 건너지 않았는데, 한왕이 사신 역이기酈食其를 시켜서 제나라를 설득해 함락했다는 소식을 듣고 그만두려고 했다. 범양范陽의 변사 괴통蒯通^②이 한신을 설득했다.

"장군은 조서를 받아 제나라를 공격하고 한나라에서 간사間使를 보내서 제나라를 항복시켰지만 어찌 장군에게 중지하라는 조서가 있었습니까. 어찌 행군을 멈추도록 하십니까? 또 역생은 하나의 사인으로서 수레에 걸터앉아^③ 세 치의 혀를 놀려서 제나라 70여 성을 함락했습니다. 장군은 수만의 군사를 거느리고 한 해 남짓 되어서 조나라 50여 성을 함락했을 뿐이니, 장군이 된 지 여러 해가 되었으나 도리어 한 더벅머리 유생의 공로보다 못하다는 것입니까?"

信引兵東 未渡平原^① 聞漢王使酈食其已說下齊 韓信欲止 范陽辯士蒯通^②說信曰 將軍受詔擊齊 而漢獨發間使下齊 寧有詔止將軍乎 何以得毋行也 且酈生一士 伏軾^③掉三寸之舌 下齊七十餘城 將軍將數萬衆 歲餘乃下趙五十餘 爲將數歲 反不如一豎儒之功乎

① 平原평원

정의 회주에 평원진이 있다.

懷州有平原津

② 范陽辯士蒯通범양변사괴통

신주 〈장이진여열전〉에서 살펴보았듯이, 범양 사람 괴통이 아니라 범현范縣 사람 괴통이 맞을 것이다.

③ 伏軾복식

집해 위소가 말했다. "식軾은 지금 작은 수레 안에 솟구친 것이다."

韋昭曰 軾 今小車中隆起者

이에 한신이 그럴 것이라 여기고 그의 계획을 따라 마침내 하수를 건넜다. 제나라는 이미 역생의 말을 듣고 곧 머물러 있게 하고 잔치를 열어 한나라에 대한 방비를 중지했다. 한신이 이에 따라 제나라 역하①에 있던 군사를 습격하고 마침내 임치에 이르렀다.

제왕 전광田廣은 역생이 자신을 팔았다고 여겨서 삶아 죽이고 고밀高密로 달아나 사신을 시켜서 초나라에 구원을 청했다. 한신은 임치를 평정시키고 나서 마침내 동쪽에서 전광을 추격하여 고밀 서쪽에 이르렀다. 초나라도 용저 장군을 시켜서 20만 군사라 떠들면서 제나라를 구원했다.

於是信然之 從其計 遂渡河 齊已聽酈生 即留縱酒 罷備漢守禦 信因襲
齊歷下①軍 遂至臨菑 齊王田廣以酈生賣己 乃亨之 而走高密 使使之楚
請救 韓信已定臨菑 遂東追廣至高密西 楚亦使龍且將 號稱二十萬 救齊

① 歷下역하

집해 서광이 말했다. "제남군 역성현이다."

徐廣曰 濟南歷城縣

제왕 전광과 용저는 군사를 합쳐 한신과 싸우려 했으나 아직 붙
지는 않았다. 어떤 사람이 용저를 설득했다.

"한나라 군사는 멀리 와서 다투어 힘을 다해 싸울 것이니, 그 날
카로움을 당해내지 못할 것입니다. 제나라와 초나라는 자기들
이 사는 그 땅에서 싸우니, 군사들은 쉽게 패하여 흩어질 것입니
다.① 성벽을 굳게 지키면서 제왕에게 신임하는 신하를 시켜 망한
성을 부르게 하면 망한 성에서는 그 왕이 살아있고 초나라가 구
원하러 왔다는 소식을 듣는다면 반드시 한나라를 배반할 것입니
다. 한나라 군사는 2,000리나 떨어진 곳에서 객客으로 살기 때문
에 제나라 성들이 모두 배반하게 되면, 그 형세로는 군량미를 얻
을 곳이 없어서 싸우지 않고도 항복할 것입니다."

용저가 말했다.

"나는 평생 한신의 사람됨을 아는데, 상대하기 쉬울 따름이다.

또 제나라를 구원하러 왔는데 싸워서 항복시키지 못한다면 내가
무슨 공로가 있겠는가. 지금 싸워서 승리하면 제나라 절반을 얻
을 것인데 무엇 때문에 그만두겠는가!"

齊王廣龍且幷軍與信戰 未合 人或說龍且曰 漢兵遠鬪窮戰 其鋒不可
當 齊楚自居其地戰 兵易敗散^① 不如深壁 令齊王使其信臣招所亡城 亡
城聞其王在 楚來救 必反漢 漢兵二千里客居 齊城皆反之 其勢無所得
食 可無戰而降也 龍且曰 吾平生知韓信爲人 易與耳 且夫救齊不戰而
降之 吾何功 今戰而勝之 齊之半可得 何爲止

① 兵易敗散병이패산

정의 그의 집이 가까워서 돌아보고 바라보는 마음을 품는다는 것이다.
近其室家 懷顧望也

마침내 싸우는데 한신과 더불어 유수濰水^①를 끼고 진을 쳤다. 한
신이 밤에 사람을 시켜서 1만여 개의 자루를 만들어 모래를 가득
채워 강의 상류를 막게 하고, 군사를 이끌고 절반쯤 건넌 뒤 용저
의 군대를 공격하다가 거짓으로 이기지 못할 것처럼 하고 돌려 달
아났다. 용저는 과연 기뻐하면서 말했다.

"진실로 한신이 겁쟁이인 줄 알았다."

마침내 한신을 추격해서 물을 건넜다. 한신이 사람을 시켜서 막
았던 자루를 터뜨리게 하자 물이 크게 이르렀다. 용저의 군대는

태반이 건너지 못했고 한신은 급히 습격해 용저를 살해했다. 유수 동쪽에 있던 용저의 군대가 흩어져 달아나자 제왕 전광도 도망쳐 달아났다.[2]

한신이 마침내 추격해 북쪽 성양[3]에 이르러 초나라 군졸을 모두 포로로 잡았다.

遂戰 與信夾濰水[1]陳 韓信乃夜令人爲萬餘囊 滿盛沙 壅水上流 引軍半渡 擊龍且 詳不勝 還走 龍且果喜曰 固知信怯也 遂追信渡水 信使人決壅囊 水大至 龍且軍大半不得渡 卽急擊 殺龍且 龍且水東軍散走 齊王廣亡去[2] 信遂追北至城陽[3] 皆虜楚卒

① 濰水유수

집해 서광이 말했다. "유수는 동완東莞에서 나와 동북쪽으로 흘러 북해군 도창현에 이르러 바다로 들어간다."

徐廣曰 出東莞而東北流 至北海都昌縣入海

색은 濰의 발음은 '유維'이다. 〈지리지〉에서, 유수濰水는 낭야군 기현에서 나와 동북쪽으로 흘러 도창현에 이르러 바다로 들어간다고 했다. 서광은 "동완에서 나와 동북쪽으로 흘러 바다로 들어간다."라고 하여 아마 《수경》에 의거해 설명한 것과는 조금 다를 뿐이다.

濰音維 地理志濰水出琅邪箕縣東北 至都昌入海 徐廣云 出東莞而東北流入海 蓋據水經而說 少不同耳

② 齊王廣亡去제왕광망거

신주 《사기지의》에서 말한다. "전광은 용저와 함께 이때 죽임을 당했는데 〈고조본기〉, 〈진초지제월표〉, 〈전담열전〉 및 《한서》로 증명할 수 있다. 여기서는 홀로 도망갔다고 하니 잘못된 것이다. 전광이 피살되었으므로 전횡이 스스로 서서 왕이 되었다." 다만 〈전담열전〉에서 전광이 포로가 되었다고 했는데 아마 곧바로 처형되었으므로 전횡은 전광이 죽었다는 소식을 듣고 곧바로 서서 제왕에 올랐을 것이다.

③ 城陽성양

정의 성양 뇌택현이 이곳이다. 복주 동남쪽 91리에 있다.

城陽雷澤縣是也 在濮州東南九十一里

한나라 4년, 마침내 모두 항복해 제나라가 평정되었다. 사람을 보내서 한왕에게 말하게 했다.

"제나라는 거짓되고 변화무쌍하여 뒤집기를 잘하는 국가입니다. 남쪽 변경은 초나라이므로 임시 왕이 되어서 진압하지 않으면 그 세력을 안정시키지 못할 것입니다. 원컨대 임시 왕으로 삼아 주신다면 편리할 것입니다."

이때 초나라는 바야흐로 급박하게 형양에서 한왕을 포위하고 있었는데, 한신의 사자가 이르자 서신을 펴보고① 한왕이 크게 노하며 꾸짖었다.

"나는 이곳에서 곤욕을 치르며 아침저녁으로 네가 와서 나를 돕기를 바라고 있는데 너는 스스로 서서 왕이 되고자 하는가."

장량과 진평이 한왕의 발을 지그시 밟으면서 그에 따라 귀에 대고

속삭였다.

"한나라가 바야흐로 불리한데 어찌 한신이 왕이 된다는 것을 금할 수 있겠습니까. 이를 계기로 세워서 잘 대우하고 스스로 지키게 하는 것이 나을 것입니다. 그렇지 않으면 변란이 생길 것입니다."

漢四年 遂皆降平齊 使人言漢王曰 齊僞詐多變 反覆之國也 南邊楚 不爲假王以鎮之 其勢不定 願爲假王便 當是時 楚方急圍漢王於滎陽 韓信使者至 發書① 漢王大怒 罵曰 吾困於此 旦暮望若來佐我 乃欲自立爲王 張良陳平躡漢王足 因附耳語曰 漢方不利 寧能禁信之王乎 不如因而立 善遇之 使自爲守 不然 變生

① 發書발서

[집해] 장안이 말했다. "한신이 보낸 사자가 가지고 간 서신을 펼친 것이다."

張晏曰 發信使者所齎書

한왕이 또한 깨닫고 이로 인해 다시 꾸짖었다.

"대장부가 제후를 평정했으면 곧 진왕真王이 될 뿐이지, 어찌 임시 왕이 되겠다는 것인가?"

이에 장량을 보내 가서 한신을 세워 제왕齊王으로 삼게 하고① 그의 군사를 징발해 초나라를 공격하도록 했다. 초나라는 이미 용저를 잃었고 항왕은 두려워하여 우이盱眙 사람 무섭武涉②으로 하여금 가서 제왕 한신을 설득하게 했다.

"천하가 함께 진나라에 고통을 당한 지 오래되었는데 서로 힘을 합쳐 진나라를 공격했습니다. 진나라가 이미 무너지자 공로를 헤아려 땅을 가르고 토지를 나누어 왕을 시키고 사졸들을 휴식시켰습니다.

지금 한왕은 다시 군사를 일으켜 동쪽으로 와서 남의 몫을 침범하고 남의 토지를 빼앗아, 이미 삼진三秦을 쳐부수고 군사를 이끌고 함곡관을 나와 제후들의 군사를 거두고 동쪽으로 초나라를 공격하는데, 그의 마음에 천하를 다 삼키지 않으면 그만두지 않을 것이니, 그가 만족할 줄 모르는 것이 이처럼 심합니다.

漢王亦悟 因復罵曰 大丈夫定諸侯 卽爲眞王耳 何以假爲 乃遣張良往立信爲齊王^① 徵其兵擊楚 楚已亡龍且 項王恐 使盱眙人武涉^②往說齊王信曰 天下共苦秦久矣 相與勠力擊秦 秦已破 計功割地 分土而王之 以休士卒 今漢王復興兵而東 侵人之分 奪人之地 已破三秦 引兵出關 收諸侯之兵以東擊楚 其意非盡呑天下者不休 其不知厭足如是甚也

① 信爲齊王신위제왕

[집해] 서광이 말했다. "4년 2월이다."

徐廣曰 四年二月

② 武涉무섭

[집해] 장화가 말했다. "무섭의 묘는 우이성 동쪽 15리에 있다."

張華曰 武涉墓在盱眙城東十五里

또 한왕은 믿을[1] 수 없습니다. 자신은 항왕의 손아귀에 자주[2] 있었는데 항왕이 애처롭게 여겨서 살려주었습니다. 그러나 벗어나기만 하면 번번이 약속을 어기고 다시 항왕을 공격하니, 그를 가까이하고 믿지 못할 것이 이와 같습니다.

지금 족하께서는 비록 스스로 한왕과 함께 두터운 교분을 맺어서 힘을 다해 군사를 운용하나, 마침내 그에게 사로잡히게 될 것입니다. 족하께서 잠깐 사이에 지금에 이른 까닭은 항왕이 오히려 존재하기 때문입니다. 마땅히 지금 두 왕의 일에서, 저울추는 족하께 달려있습니다.

족하께서 오른쪽으로 가담한다면 한왕이 승리할 것이고 왼쪽으로 가담한다면 항왕이 승리할 것입니다. 항왕이 오늘 망한다면 다음은 족하를 (포로로) 취할 것입니다. 족하께서는 항왕과 연고가 있는데, 어찌 한나라를 배반하고 초나라와 연결해 화친하여 천하를 셋으로 나누어 왕을 하지 않으십니까. 지금 이때를 놓치고 스스로 한나라의 편에서 초나라를 치려 하시니 또 지혜로운 자가 진실로 이처럼 하겠습니까."

且漢王不可必[1] 身居項王掌握中數[2]矣 項王憐而活之 然得脫 輒倍約 復擊項王 其不可親信如此 今足下雖自以與漢王爲厚交 爲之盡力用兵 終爲之所禽矣 足下所以得須臾至今者 以項王尙存也 當今二王之事 權在足下 足下右投則漢王勝 左投則項王勝 項王今日亡 則次取足下 足下與項王有故 何不反漢與楚連和 參分天下王之 今釋此時 而自必 於漢以擊楚 且爲智者固若此乎

① 必필

신주 여기서 必은 '기약, 약속, 믿음'이란 뜻이다.

② 數수

정의 數의 발음은 '슈[色庾反]'이다.

數 色庾反

한신이 거절해서 말했다.

"신은 항왕을 섬겼는데 관직은 낭중郎中에 지나지 않았고 지위는 가지창[戟]을 잡는 데 지나지 않았소.① 말을 하면 듣지 않았고 계책도 채용하지 않았소. 그래서 초나라를 배신하고 한나라로 귀순했소.

한왕은 나에게 상장군의 인수를 주고 수만 군사를 주었으며, 옷을 벗어서 입혀 주고 음식을 밀어 먹여 주었으며, 말은 들어 주고 계책을 써 주었소. 그러므로 여기에 이르게 되었소. 대저 남이 깊고 친하게 나를 믿어 주었는데 내가 배신한다면 상서롭지 않을 것이니 비록 죽더라도 바꾸지 않을 것이오. 나를 위해 항왕께 사절해주시면 다행일 것이오."

韓信謝曰 臣事項王 官不過郎中 位不過執戟① 言不聽 畫不用 故倍楚而歸漢 漢王授我上將軍印 予我數萬衆 解衣衣我 推食食我 言聽計用 故吾得以至於此 夫人深親信我 我倍之不祥 雖死不易 幸爲信謝項王

① 官不過郎中 位不過執戟관불과낭중 위불과집극

집해 장안이 말했다. "낭중은 숙위宿衛하며 창을 잡은 사람이다."

張晏曰 郎中 宿衛執戟之人也

무섭이 떠나가고 나서 제나라 사람 괴통은 천하를 저울질하는 것이 한신에게 달려있다는 것을 알고 기묘한 계책을 만들어 감동시키고자, 관상을 보는 방법으로 한신을 설득했다.

"저는 일찍이 남의 관상을 보는 술術을 받았습니다."

한신이 말했다.

"선생께서 남의 관상을 본다는 것은 어떠한 것입니까?"

괴통이 대답했다.

"귀하고 천한 것은 골법骨法에 달려있고 근심하고 기뻐하는 것은 얼굴빛에 달려있으며 성공하고 실패하는 것은 결단에 달려있습니다. 이상의 세 가지로써 살피면 만의 하나라도 잃지 않을 것입니다."

한신이 말했다.

"좋은 말씀이오. 선생께서 과인의 상을 보니 어떠하오?"

괴통이 대답했다.

"잠시 사람들을 물리기를 원합니다."

한신이 말했다.

"좌우는 물러가라."

괴통이 말했다.

"군君의 얼굴을 살펴보면 제후에 봉해지는데 지나지 않으며,

또 위태하고 불안합니다. 군君의 등을 살펴보면 귀하여 이루 말하지 못하겠습니다.①"

한신이 말했다.

"무슨 말이오?"

武涉已去 齊人蒯通知天下權在韓信 欲爲奇策而感動之 以相人說韓信曰 僕嘗受相人之術 韓信曰 先生相人何如 對曰 貴賤在於骨法 憂喜在於容色 成敗在於決斷 以此參之 萬不失一 韓信曰 善 先生相寡人何如 對曰 願少間 信曰 左右去矣 通曰 相君之面 不過封侯 又危不安 相君之背 貴乃不可言① 韓信曰 何謂也

① 貴乃不可言귀내불가언

집해 장안이 말했다. "배반하면 크게 귀해진다."

張晏曰 背畔則大貴

신주 등은 곧 배背이니, 배신한다면 귀해질 것이라는 뜻이다.

괴통이 말했다.

"천하에 처음 난이 일어났을 때 영웅호걸들이 명분을 세우고 한번 부르짖자, 천하의 사인들이 구름처럼 합치고 안개처럼 모여들어 물고기 비늘처럼 뒤섞이고, 불똥이 이르고 바람이 일 듯 했습니다. 이때만 해도 근심은 진나라를 망하게 하는 데 있었을 뿐입니다. 지금은 초나라와 한나라로 나뉘어 다투니, 천하의 죄 없는 사람들이 간과 쓸개를 땅에 버리고 아버지와 아들의 해골이 들판 가운데에 드러나게 한 것이 이루 헤아릴 수 없습니다.

초나라 사람은 팽성에서 일어나 돌아다니며 싸워 북쪽까지 쫓았고 형양榮陽에 이르러 이로운 기세를 타고 석권해, 위엄은 천하를 떨게 했습니다. 그러나 군사들은 경京과 삭索 땅 사이[①]에서 곤궁해져서 서산을 압박했지만 진격하지 못하고 있는 것이 3년째입니다.

한왕은 수십만 명의 군사를 거느리고 공鞏과 낙雒[②] 사이에서 험준한 산세와 하수를 끼고 하루 동안에도 여러 번을 싸웠지만 한 자 한 치의 공로도 없이 꺾이고 패배당해도[③] 구제받지 못하고 형양에서 무너지고 성고에서 손상되었습니다.[④] 이에 마침내 완宛과 섭葉 사이로 달아났는데 이것을 이른바 지혜와 용기가 함께 곤궁해진 것이라고 하는 것입니다. 예리한 기세는 험악한 요새에서 꺾이고 양식은 내부 창고에서 바닥났으며 백성은 피로하여 지극히 원망하니, 용납하고 용납해도 의지할 곳이 없습니다.

蒯通曰 天下初發難也 俊雄豪桀建號壹呼 天下之士雲合霧集 魚鱗襍遝 熛至風起 當此之時 憂在亡秦而已 今楚漢分爭 使天下無罪之人肝膽塗地 父子暴骸骨於中野 不可勝數 楚人起彭城 轉鬪逐北 至於榮陽 乘利席卷 威震天下 然兵困於京索之間[①] 迫西山而不能進者 三年於此矣 漢王將數十萬之衆 距鞏雒[②] 阻山河之險 一日數戰 無尺寸之功 折北[③]不救 敗榮陽 傷成皐[④] 遂走宛葉之間 此所謂智勇俱困者也 夫銳氣挫於險塞 而糧食竭於內府 百姓罷極怨望 容容無所倚

① 京索之間경삭지간

[신주] 경과 삭은 성고와 형양의 동남쪽으로 이 무렵 항우의 최전선이다.

② 鞏雒공낙

[신주] 낙雒은 곧 낙양이며 공鞏은 낙양과 성고의 중간에 있다.

③ 折北절배

[집해] 장안이 말했다. "절折은 꺾이는 것이고 배北는 달아나는 것이다."

張晏曰 折 衄敗也 北 奔北

④ 傷成皋상성고

[집해] 장안이 말했다. "성고에서 가슴을 상하다." 신찬이 말했다. "군대가 꺾여 상한 것을 이른다."

張晏曰 於成皋傷胷也 臣瓚曰 謂軍折傷

신이 헤아리건대 그 형세는 천하의 현명하고 성스러운 자가 아니라면 진실로 천하의 재앙을 종식하지 못할 것입니다. 마땅히 지금 두 군주의 운명은 족하에게 달려 있습니다. 족하께서 한나라를 위한다면 한나라가 이길 것이고 초나라와 함께한다면 초나라가 이길 것입니다.

신이 원컨대 속마음을 펴 보이고 간과 쓸개를 내어 어리석은 계책을 바치지만, 아마 족하께서는 사용하지 못하실까 걱정됩니다.

진실로 신의 계책을 들어주시어 양쪽을 이롭게 하여 함께 보존하느니만 못하며, 천하를 삼등분해 솥발처럼 거처하면 그 형세로 (누구라도) 감히 먼저 움직이지 못할 것입니다.

대저 족하의 현명함과 성스러움으로 무장한 많은 군사를 가지고 있으며 강력한 제나라에 차지했으니 연나라와 조나라를 따르게 하여 빈 땅으로 나가 그의 뒤를 제압하시고 백성의 바람을 따라 서쪽으로 향해[1] 백성의 요구대로 한다면[2] 천하는 바람이 질주하고 메아리가 울리듯이 할 것입니다. 누가 감히 듣지 않겠습니까.

큰 곳은 가르고 강한 곳은 약하게 해 제후들을 세우고, 제후들이 이미 서게 되면 천하는 복종해 따르고 덕을 제나라로 돌릴 것입니다. 제나라 옛 일을 살피시고 교膠와 사수泗水의 땅을 가진 채 제후들을 덕으로 품으시어 깊이 두 손을 맞잡고 읍양揖讓하게 한다면, 천하의 군왕들이 서로 이끌어서 제나라에 조회할 것입니다. 대개 듣자니 '하늘이 주는 것을 받지 않으면 도리어 그 허물을 받고, 시기가 이르렀는데도 시행하지 않으면 도리어 그 재앙을 받는다.'라고 했습니다. 원컨대 족하께서는 깊이 헤아려 보십시오."

以臣料之 其勢非天下之賢聖固不能息天下之禍 當今兩主之命縣於足下 足下爲漢則漢勝 與楚則楚勝 臣願披腹心 輸肝膽 效愚計 恐足下不能用也 誠能聽臣之計 莫若兩利而俱存之 參分天下 鼎足而居 其勢莫敢先動 夫以足下之賢聖 有甲兵之衆 據彊齊 從燕趙 出空虛之地而制其後 因民之欲 西鄕[1]爲百姓請命[2] 則天下風走而響應矣 孰敢不聽 割大弱彊 以立諸侯 諸侯已立 天下服聽而歸德於齊 案齊之故 有膠泗之

地 懷諸侯以德 深拱揖讓 則天下之君王相率而朝於齊矣 蓋聞天與弗
取 反受其咎 時至不行 反受其殃 願足下孰慮之

① 西鄉서향

정의 鄉의 발음은 '향向'이다. 제나라는 동쪽에 있다. 그러므로 서향西
向이라 했다.

鄉音向 齊國在東 故曰西向也

② 請命청명

정의 초나라와 한나라 전투를 중지시키고 사졸들이 사망하지 않게 하
는 것이다. 그러므로 '청명請命'이라고 한다.

止楚漢之戰鬪 士卒不死亡 故云請命

한신이 말했다.
"한왕은 나를 매우 두텁게 대우하여 그의 수레로 나를 태워 주고
그의 의복으로 나를 입혀 주고 그의 음식으로 나를 먹여 주었소.
내가 듣기로 남의 수레를 탄 자는 남의 근심을 싣고 가고, 남의 옷
을 입은 자는 남의 근심을 품에 안고, 남의 음식을 먹은 자는 남의
일에 죽는다고 했소. 내 어찌 이로운 것을 향해 의를 배반하겠소."
괴통이 말했다.
"족하께서는 스스로 한왕을 좋게 여겨서 만세의 사업을 세우고자

하시지만 신은 적이 잘못되었다고 여깁니다. 처음 상산왕常山王 장이張耳와 성안군成安君 진여陳餘는 일반 백성일 때, 서로 목숨을 함께하겠다는 문경지교刎頸之交를 맺었습니다. 뒤에 장염張黶과 진택陳澤의 일로 다투게 되어 두 사람은 서로 원수가 되었습니다.

상산왕은 항왕을 배신하고 항영項嬰의 머리를 가지고 숨었고, 도망쳐 한왕에게 귀의했습니다. 한왕이 군사를 빌려주어 동쪽으로 내려가게 하자 성안군을 지수泜水의 남쪽에서 죽여 머리와 발이 다른 곳에 처하게 되니 마침내 천하의 웃음거리가 되었습니다. 이 두 사람이 서로 함께할 때는 천하에서 지극히 기뻐했습니다.

그러나 마침내 서로 사로잡으려 하였으니, 무엇 때문입니까? 근심은 욕심이 많은 곳에서 발생하며 사람의 마음이란 측량하기가 어렵기 때문입니다. 지금 족하께서는 충성과 신용으로 한왕과 사귀려고 하지만 반드시 두 사람이 서로 함께했던 것보다 견고하지 못하며, 일은 장염이나 진택보다 큰 것들이 많습니다.

그러므로 신은 족하께서 반드시 한왕이 자신을 위태하게 하지 않을 것이라고 여기는 것은 또한 잘못되었다고 생각합니다. 대부 종種과 범려范蠡는 망한 월나라를 보전했는데, 구천句踐이 패자覇者가 되어 공로를 세우고 명성을 성취하자 자신들은 죽거나 도망쳤습니다. 들짐승이 없어지고 나면 사냥개는 삶는 것입니다.

韓信曰 漢王遇我甚厚 載我以其車 衣我以其衣 食我以其食 吾聞之 乘人之車者載人之患 衣人之衣者懷人之憂 食人之食者死人之事 吾豈可以鄕利倍義乎 蒯生曰 足下自以爲善漢王 欲建萬世之業 臣竊以爲誤

矣 始常山王成安君爲布衣時 相與爲刎頸之交 後爭張黶陳澤之事 二
人相怨 常山王背項王 奉項嬰頭而竄 逃歸於漢王 漢王借兵而東下 殺
成安君泜水之南 頭足異處 卒爲天下笑 此二人相與 天下至驩也 然而
卒相禽者 何也 患生於多欲而人心難測也 今足下欲行忠信以交於漢王
必不能固於二君之相與也 而事多大於張黶陳澤 故臣以爲足下必漢王
之不危己 亦誤矣 大夫種范蠡存亡越 霸句踐 立功成名而身死亡 野獸
已盡而獵狗亨

대저 벗을 사귀는 것으로 말한다면 장이와 성안군보다 못합니다.
충성과 믿음으로 말한다면 대부 종과 범려가 구천에게 한 것을 넘
어서지 못합니다. 이들 두 사람으로 충분히 알 수 있습니다. 원컨
대 족하께서는 깊이 헤아리십시오. 또 신이 듣건대 용맹과 지략으
로 군주를 떨게 하는 자는 자신이 위험하고 공로가 천하를 덮는
자는 상을 받지 못한다고 했습니다.

신이 청컨대 대왕의 공로와 지략을 말씀드리겠습니다. 족하께서
는 서하西河를 건너서 위왕魏王을 포로로 잡았고 하열夏說을 사로
잡았으며, 군사를 이끌고 정형井陘을 함락하고 성안군을 처단했
습니다. 조나라를 빼앗고 연나라를 위협했으며 제나라를 평정했
습니다. 남쪽에서 초나라 사람의 군사 20만 명을 꺾었으며 동쪽
에서 용저를 죽이고 서쪽으로 승전보를 알렸으니 이것은 이른바
천하에서 둘로 없는 공로이며 지략은 세상에서 다시 나오지 않을
것입니다.

지금 족하께서는 군주를 떨게 하는 위엄을 머리에 이고, 상을 받을 수 없는 공로를 가졌는데, 초나라로 돌아간다면 초나라 사람들이 믿지 않을 것입니다. 한나라로 돌아간다면 한나라 사람들이 두려워 떨 것인데, 족하께서는 이러한 것을 가지고 어디로 돌아가려고 하십니까? 대저 형세는 신하 된 위치에 있으면서 군주를 떨게 하는 위엄을 가졌고 명성은 천하에서 높으니, 저는 족하께서 위태하다 하겠습니다."

한신이 거절하면서 말했다.

"선생은 우선 쉬시오. 나는 장차 생각해 보겠소."

수일 뒤에 괴통이 다시 설득했다.

"대저 들어주는 것은 일의 살핌이고 계획하는 것은 일의 기미입니다. 들어주는 것이 지나치고 계획이 잘못되었는데 오래도록 편안한 자는 드물었습니다. 들어주면서 한두 번의 실수를 하지 않는 자는 말로써 어지럽게 할 수 없습니다. 계획에 근본과 끝을 잃지 않는 자는 말로써 헝클어뜨릴 수 없습니다.

대저 하찮은 일만을 따르는 자는 만승萬乘의 권세를 잃게 되는 것입니다. 하찮은 관직의 녹봉만을 고수하는 자[1]에게 경卿이나 상相의 자리는 없는 것입니다. 그러므로 안다는 것은 결정이 단호한 것이고 의심하는 것은 일을 해치는 것입니다. 털끝 같은 작은 계획을 살펴서 천하의 큰 수를 버리는 것과 지혜로는 진실로 알면서도 결단해서 감히 행하지 못하는 것은, 온갖 일의 재앙이 됩니다.

夫以交友言之 則不如張耳之與成安君者也 以忠信言之 則不過大夫種范蠡之於句踐也 此二人者 足以觀矣 願足下深慮之 且臣聞勇略震主

者身危 而功蓋天下者不賞 臣請言大王功略 足下涉西河 虜魏王 禽夏
說 引兵下井陘 誅成安君 徇趙 脅燕 定齊 南摧楚人之兵二十萬 東殺龍
且 西鄉以報 此所謂功無二於天下 而略不世出者也 今足下戴震主之
威 挾不賞之功 歸楚 楚人不信 歸漢 漢人震恐 足下欲持是安歸乎 夫勢
在人臣之位而有震主之威 名高天下 竊爲足下危之 韓信謝曰 先生且
休矣 吾將念之 後數日 蒯通復說曰 夫聽者事之候也 計者事之機也 聽
過計失而能久安者 鮮矣 聽不失一二者 不可亂以言 計不失本末者 不
可紛以辭 夫隨廝養之役者 失萬乘之權 守儋石之祿者^① 闕卿相之位 故
知者決之斷也 疑者事之害也 審豪氂之小計 遺天下之大數 智誠知之
決弗敢行者 百事之禍也

① 守儋石之祿者수담석지록자

집해 진작이 말했다. "양웅의 《방언》에서 '해대海岱 사이에서는 항아
리를 이름하여 담儋이라고 한다.'라고 했다. 석石은 말과 섬이다." 소림이
말했다. "제나라 사람은 작은 항아리를 담儋이라고 부른다. 석石은 지금
복어를 담는 석앵(한 섬을 담는 항아리)과 같으니 한 두 섬에 불과할 뿐이다.
일설에는 1담儋은 1곡斛(10두)보다 조금 크다고 한다."

晉灼曰 楊雄方言 海岱之間名甖爲儋 石 斗石也 蘇林曰 齊人名小甖爲儋 石 如
今受鮎魚石甖 不過一二石耳 一說 一儋與一斛之餘

색은 儋의 발음은 '담[都濫反]'이다. 섬石은 말[斗]이다. 소림의 해설이 그
것에 가깝다. 鮎의 발음은 '태胎'이다.

儋音都濫反 石 斗也 蘇林解爲近之 鮎音胎

신주 《한어사전漢語詞典》에는 "담儋은 한 석을 담는 까닭으로 담석이

라고 일컬었다. 곡물을 계량하는데 쓰인다. 담은 석앵이다. 일설에는 한 섬은 석이 되고, 두 섬은 담이 되는데, 한 사람이 지고 갈 만한 양을 말한 다.[儋受一石 故稱儋石 用以計量穀物 儋 石罌 一說一石爲石 二石爲儋 謂一人所擔]"라고 기록했다.

그러므로 '사나운 호랑이가 망설이는 것은 벌과 전갈이 쏘는 것[1] 만 못하고, 천리마의 깡충거리는 것은[2] 노새가 편안히 걸어가는 것만 못하고, 맹분孟賁의 머뭇거리는 것은 평범한 사내가 반드시 이르는 것만 못하고, 비록 순임금이나 우임금의 지혜를 가졌더라 도 중얼거리고 말하지 않으면[3] 벙어리와 귀머거리가 손가락으로 가리키는 것만 못하다.'라고 했습니다.

이러한 말은 행할 수 있는 것을 귀하게 여긴 것입니다. 대저 공은 이루기 어렵지만 무너뜨리기 쉽습니다. 때는 얻기 어렵지만 잃기 쉽습니다. 때같은 때는 다시 오지 않을 것이니, 바라건대 족하께 서 자세히 살펴주십시오."

한신은 망설이다가 차마 한나라를 배반하지 못하고, 또 스스로 공로가 많은 것으로 여겨서 한나라는 끝까지 자신에게서 제나라 를 빼앗지 않을 것으로 여겨서 마침내 괴통에게 거절했다. 괴통 은 설득이 먹혀들지 않자, 이미 거짓으로 미친 척하고 무당이 되 었다.[4]

故曰 猛虎之猶豫 不若蜂蠆之致螫[1] 騏驥之跼躅[2] 不如駑馬之安步 孟 賁之狐疑 不如庸夫之必至也 雖有舜禹之智 吟而不言[3] 不如瘖聾之指

麾也 此言貴能行之 夫功者難成而易敗 時者難得而易失也 時乎時 不
再來 願足下詳察之 韓信猶豫不忍倍漢 又自以爲功多 漢終不奪我齊
遂謝蒯通 蒯通說不聽 已詳狂爲巫④

① 螫석

정의 螫의 발음은 '적適'이다.

音適

② 踞躅국촉

집해 서광이 말했다. "국踞은 다른 판본에는 '척躑'으로 되어 있다."

徐廣曰 踞 一作躑也

③ 吟而不言금이불언

색은 吟의 발음을 정씨는 '금[拒蔭反]' 또는 '금琴'이라고 했다.

吟 鄭氏音拒蔭反 又音琴

④ 詳狂爲巫양광위무

집해 서광이 말했다. "어떤 판본에는 마침내 괴통의 말을 채용하지 않
자 괴통이 말하기를 '대저 세세하게 번거로운 자와는 함께 대사를 도모
할 수 없고, 신하로 얽매여 구애받는 자는 진실로 군왕의 뜻이 없다.'라고
했다. 설명을 듣지 않자 그로 인하여 떠나 거짓으로 미친 척한 것이다."

徐廣曰 一本 遂不用蒯通 蒯通曰 夫迫於細苛者 不可與圖大事 拘於臣虜者 固
無君王之意 說不聽 因去詳狂也

[색은] 살펴보니《한서》와《전국책》에는 모두 이 문장이 있다.

案 漢書及戰國策皆有此文

[신주] 위에 [색은] 주석은 잘못되었다. 지금 전해지는《전국책》에는 이런 문장이 없다.

덧없는 몰락

한왕은 고릉에서 곤욕을 치르고 장량의 계책을 채용해 제왕 한신을 불러서 마침내 군사를 이끌고 해하에 모였다. 항우가 파멸하고 나서 고조가 기습해 제왕의 군사를 빼앗았다.[1]

한나라 5년 정월, 제왕 한신을 옮겨서 초왕楚王으로 삼고 하비下邳에 도읍하게 했다. 한신은 초나라에 이르자 밥을 준 빨래하던 아낙네[2]를 불러서 1,000금을 하사했다. 하향下鄕의 남창정장에게는 100전을 하사하고 말했다.

"공은 소인이다. 덕을 베푸는 것을 끝까지 하지 못했다."

소년시절 자기를 욕보이고 가랑이 아래로 지나가게 한 자를 불러서 초나라 중위中尉로 삼았다. 이에 여러 장수와 재상에게 고했다.

"이 사람은 장사壯士이다. 바야흐로 나를 모욕했을 때 내가 어찌 죽이지 못했겠는가. 죽여 봐야 이름을 얻지도 못할 것이므로 참아서 이렇게 성취했다."

漢王之困固陵 用張良計 召齊王信 遂將兵會垓下 項羽已破 高祖襲奪齊王軍[1] 漢五年正月 徙齊王信爲楚王 都下邳 信至國 召所從食漂母[2] 賜千金 及下鄕南昌亭長 賜百錢 曰 公 小人也 爲德不卒 召辱己之少年

令出胯下者以爲楚中尉 告諸將相曰 此壯士也 方辱我時 我寧不能殺
之邪 殺之無名 故忍而就於此

① 奪齊王軍탈제왕군
집해 서광이 말했다. "제나라를 평원, 천승, 동래, 제군으로 삼았다."
徐廣曰 以齊爲平原千乘東萊齊郡

② 漂母표모
집해 장화가 말했다. "빨래하던 아낙네 무덤은 사수泗水 입구 남쪽 기슭
에 있다."
張華曰漂母冢在泗口南岸

항왕에게서 도망친 장수 종리매鍾離眜의 집은 이려伊廬①에 있었
는데 평소 한신과 친했다. 항왕이 죽은 뒤에 도망쳐 한신에게 귀
의했다. 한왕은 종리매를 원망했는데 그가 초나라에 있다는 소
문을 듣고 초나라에 종리매를 체포하라는 조서를 내렸다. 한신은
처음 초나라로 들어와 현읍縣邑을 순행하면서 군사를 진열하고
출입했다.
한나라 6년, 어떤 사람이 글을 올려서 초왕 한신이 반역할 것이
라고 했다. 고제高帝는 진평의 계책을 채용해 천자로 순수하면서
제후들을 모았다. 남쪽에 운몽雲夢이 있는데 제후들에게 사신을

보내서 진陳에 모이게 하고 "나는 장차 운몽에서 유람하리라."라고 했다.

실제로는 한신을 습격하려는 것이었는데 한신은 알지 못했다. 고조가 또 초나라에 이르렀을 때 한신이 군사를 일으켜 반역하고 싶었지만 스스로 헤아려보아도 죄가 없어 주상을 뵙고자 했으나 사로잡힐까 두려워했다.

項王亡將鍾離眛家在伊廬① 素與信善 項王死後 亡歸信 漢王怨眛 聞其在楚 詔楚捕眛 信初之國 行縣邑 陳兵出入 漢六年 人有上書告楚王信反 高帝以陳平計 天子巡狩會諸侯 南方有雲夢 發使告諸侯會陳 吾將游雲夢 實欲襲信 信弗知 高祖且至楚 信欲發兵反 自度無罪 欲謁上 恐見禽

① 伊廬이려

[집해] 서광이 말했다. "동해군 구현에 이려향이 있다." 살펴보니 위소가 말했다. "지금의 중려현이다."

徐廣曰 東海朐縣有伊廬鄕 駰案 韋昭曰 今中廬縣

[색은] 서광의 주석은 사마표의 《속한서》〈군국지〉에서 나왔다.

徐注出司馬彪郡國志

[정의] 《괄지지》에서 말한다. "중려는 의청현 북쪽 20리에 있고, 본래 춘추시대 여융廬戎의 나라이며, 진秦나라에서 이려라고 일렀고, 한나라는 중려현으로 삼았다. 항우의 장수 종리매의 무덤이 있다." 위소 및 《괄지지》에서 모두 설명했다.

括地志云 中廬在義淸縣北二十里 本春秋時廬戎之國也 秦謂之伊廬 漢爲中廬縣 項羽之將鍾離眛冢在 韋昭及括地志云皆說之也

어떤 사람이 한신을 설득했다.

"종리매를 베어서 주상을 배알하면 주상이 반드시 기뻐할 것이며 걱정이 없을 것입니다."

한신은 종리매를 만나보고 일을 계획했다. 종리매가 말했다.

"한나라에서 초나라를 공격해 빼앗지 않는 까닭은 내가 공에게 있기 때문입니다. 만약 나를 체포해서 스스로 한나라에 아첨한다면 나는 오늘 죽겠지만 공 또한 따라서 망할 것입니다."

이에 한신을 꾸짖었다.

"공은 장자長者가 못 되오!"

마침내 스스로 목을 찔러서 죽었다. 한신은 그의 머리를 가지고 진陳에서 고조를 알현했다. 주상은 무사를 시켜서 한신을 결박하고 뒤쪽 수레에 실었다. 한신이 말했다.

"과연 사람들이 말한 대로구나. '약삭빠른 토끼가 죽으면① 좋은 사냥개는 삶아지고, 높이 나는 새가 없어지면 좋은 활은 처박아두며, 적국이 부서지면 계획한 신하는 사라진다.'라고 했는데, 천하가 이미 평정되었으니 나는 진실로 삶아지겠구나!"

주상이 말했다.

"사람들이 공의 반역을 알려왔다."

마침내 한신을 형틀에 묶었다. 낙양에 이르러 한신의 죄를 사면하고 회음후淮陰侯로 삼았다.

人或說信曰 斬眛謁上 上必喜 無患 信見眛計事 眛曰 漢所以不擊取楚 以眛在公所 若欲捕我以自媚於漢 吾今日死 公亦隨手亡矣 乃罵信曰 公非長者 卒自剄 信持其首 謁高祖於陳 上令武士縛信 載後車 信曰 果

若人言 狡兔死^① 良狗亨 高鳥盡 良弓藏 敵國破 謀臣亡 天下已定 我固
當亨 上曰 人告公反 遂械繫信 至雒陽 赦信罪 以爲淮陰侯

① 狡兔死교토사

집해 장안이 말했다. "교狡는 활猾과 같다."

張晏曰 狡猶猾

색은 약삭빠른 토끼가 죽는 것이다. 狡의 발음은 '교狡'이다. 교狡는
교활이다. 《오월춘추》에는 교토狡兔로 되어 있는데 또한 뜻이 통한다.
《한서》에는 교토狡兔로 되어 있다. 《전국책》에서 말한다. "동곽산東郭山
의 준逡은 천하의 약삭빠른 토끼이다."

狡兔死 狡音狡 狡 猾也 吳越春秋作 狡兔 亦通 漢書作 狡兔 戰國策曰 東郭逡
海內狡兔也

한신은 한왕이 그의 능력을 두려워하고 싫어하는 것을 알고, 항
상 병을 핑계로 조회에 나오지 않았다. 한신은 이로 말미암아 낮
밤으로 원망하고 평상시에도 불평하며 또 강후絳侯 주발周勃과 관
영灌嬰 등과 같은 서열인 것을 부끄러워했다. 한신이 일찍이 번쾌
樊噲 장군에게 들렀는데, 번쾌가 꿇어앉아 절을 하며 맞이하고 보
냈으며 신하라고 일컬으면서 말했다.
"대왕께서 기꺼이 신에게 왕림해 주시다니!"
한신이 문을 나서며 웃으면서 말했다.

"살아서 번쾌 등과 대오隊伍를 하다니!"

주상은 항상 조용할 때 한신과 함께 여러 장수의 능력이 있고 없는 것과 각각의 차이에 대해 이야기했다. 주상이 물었다.

"나 같은 이는 몇 명쯤 거느릴 수 있는가?"

한신이 말했다.

"폐하께서는 10만 명을 거느릴 수 있을 뿐입니다."

주상이 물었다.

"그대는 어떠한가?"

한신이 대답했다.

"신은 많으면 많을수록 좋을 따름입니다."

주상이 웃으면서 말했다.

"많으면 많을수록 좋다고 하면서 어찌 나에게 사로잡혔는가?"

한신이 대답했다.

"폐하께서는 군사를 이끄는 데는 능숙하지 못하지만 장수를 이끄는 것을 잘하십니다. 이것이 제가 폐하에게 사로잡힌 까닭입니다. 또 폐하는 이른바 하늘이 주신 것이니, 사람의 능력으로 할 수 있는 게 아닙니다."

信知漢王畏惡其能 常稱病不朝從 信由此日夜怨望 居常鞅鞅 羞與絳灌等列 信嘗過樊將軍噲 噲跪拜送迎 言稱臣 曰 大王乃肯臨臣 信出門笑曰 生乃與噲等爲伍 上常從容與信言諸將能不 各有差 上問曰 如我能將幾何 信曰 陛下不過能將十萬 上曰 於君何如 曰 臣多多而益善耳 上笑曰 多多益善 何爲爲我禽 信曰 陛下不能將兵 而善將將 此乃信之所以爲陛下禽也 且陛下所謂天授 非人力也

진희陳豨가 거록군수[①]에 제수 되어, 회음후에게 하직인사를 하러 왔다. 회음후는 그의 손을 부여잡고 좌우를 물리치고 함께 뜰을 걸으면서 하늘을 우러러 탄식해서 말했다.

"그대에게 말해도 되겠는가? 그대에게 하고 싶은 말이 있소."

진희가 말했다.

"오직 장군께서는 명령만 하십시오."

회음후가 말했다.

"공이 있는 곳은 천하의 정예병이 있는 곳이오. 그리고 공은 폐하가 믿고 총애하는 신하요. 사람들이 공이 반역했다고 말하면 폐하는 반드시 믿지 않을 것이오. 두 번째 이르면 폐하는 곧 의심할 것이오. 세 번째 이르면 반드시 노하고 스스로 장수가 될 것이오. 내가 공을 위해 중앙에서 따라 일어난다면 천하를 도모할 수 있을 것이오."

진희는 평소 그의 능력을 알고 있는지라 믿고 말했다.

"삼가 가르침을 받들겠소."

한나라 10년, 진희는 과연 반역했다. 주상은 스스로 장수가 되어서 갔는데 한신은 병을 핑계로 따르지 않고 몰래 사람을 시켜 진희의 처소에 이르게 해서 말했다.

"아우가 군사를 일으켰으니 나는 이곳에서 공을 돕겠소."

한신이 이에 가신들과 모의해서 밤에 거짓 조서를 만들어 관청의 노비들을 사면하고, 그들을 발동하여 여후와 태자를 습격하고자 했다.

陳豨拜爲鉅鹿守[①] 辭於淮陰侯 淮陰侯挈其手 辟左右與之步於庭 仰天歎曰 子可與言乎 欲與子有言也 豨曰 唯將軍令之 淮陰侯曰 公之所居

天下精兵處也 而公 陛下之信幸臣也 人言公之畔 陛下必不信 再至 陛
下乃疑矣 三至 必怒而自將 吾爲公從中起 天下可圖也 陳豨素知其能
也 信之曰 謹奉教 漢十年 陳豨果反 上自將而往 信病不從 陰使人至豨
所 曰 弟舉兵 吾從此助公 信乃謀與家臣夜詐詔赦諸官徒奴 欲發以襲
呂后太子

① 鉅鹿守거록수

집해 서광이 말했다. "〈고조공신후자연표〉에는 조나라 상국相國이 되
어 군사를 거느리고 대代를 지켰다고 한다."

徐廣曰 表云爲趙相國 將兵守代也

담당할 곳이 이미 정해지자 진희의 보고를 기다렸다. 그의 사인舍
人①이 한신에게 죄를 지었는데 한신이 가두어 죽이고자 했다. 사
인의 아우가 변고를 올리고 한신이 반역하려 한다는 상황을 여후
에게 알렸다. 여후는 한신을 부르고자 했으나 아마 그 무리들이
오지 않을 것을 두려워했다. 이에 소상국蕭相國과 함께 계책을 세
워 거짓으로 사람을 시켜 주상이 있는 곳에서 왔다고 하고, 진희
는 이미 죽었으며 열후와 군신이 모두 하례한다고 말하게 했다.
소상국도 한신을 속여서 말했다.
"비록 질병이 있더라도 억지로라도 들어와 축하하시오."
한신이 들어오자, 여후는 무사를 시켜 한신을 결박하게 하고

장락궁長樂宮의 종실鍾室②에서 한신을 참수했다. 한신은 막 참수 당할 때 말했다.

"나는 괴통의 계책을 쓰지 않은 것을 후회한다. 아녀자의 속임수에 당하니 어찌 천명이 아니겠는가."

마침내 한신의 삼족을 몰살했다.

部署已定 待豨報 其舍人①得罪於信 信囚 欲殺之 舍人弟上變 告信欲反狀於呂后 呂后欲召 恐其黨不就 乃與蕭相國謀 詐令人從上所來 言豨已得死 列侯群臣皆賀 相國紿信曰 雖疾 彊入賀 信入 呂后使武士縛信 斬之長樂鍾室② 信方斬 曰 吾悔不用蒯通之計 乃爲兒女子所詐 豈非天哉 遂夷信三族

① 舍人사인

색은 살펴보니 진작은 《초한춘추》에는 사공謝公이라고 일렀다고 했다. 요씨가 살펴보니 《한서》 〈공신표〉에 이르기를, 신양후愼陽侯 악설樂說은 회음의 사인이고 한신의 반역을 알렸다고 한다. 누구인지 알지 못하겠다.

按 晉灼曰 楚漢春秋云謝公也 姚氏案功臣表云愼陽侯樂說 淮陰舍人 告信反 未知孰是

신주 〈고조공신후자연표〉에는 신양후 난설欒說이라 했다. 다만 그 주석에서 신양은 마땅히 전양滇陽이 되어야 한다고 했다. 전양 혹은 신양은 여남군에 속한 현이다.

② 長樂鍾室장락종실

장락궁의 종鍾을 달아매어 놓은 방이다.

長樂宮懸鍾之室

〈고조본기〉에 이때는 한나라 11년 봄이다.

고조는 이미 진희의 군대를 뒤쫓다가 돌아와 이르렀는데, 한신이 죽은 것을 보고 또 기뻐하고 또 애처롭게 여기면서 물었다.

"한신이 죽으면서 또한 무슨 말을 했소?"

여후가 말했다.

"한신은 괴통의 계책을 쓰지 않은 것이 한스럽다고 말했습니다."

고조가 말했다.

"이는 제나라 변사辯士이다."

이에 제나라에 조서를 내려 괴통을 체포하도록 했다. 괴통이 한나라에 이르자 주상이 물었다.

"네가 회음후에게 반역하라고 가르쳤느냐?"

괴통이 대답했다.

"그렇습니다. 신이 진실로 가르쳤습니다. 그 아이가 신의 계책을 채용하지 않아서 스스로 이렇게 멸망했습니다. 만일 그 아이가 신의 계책을 채용했더라면 폐하께서 어찌 잡아서 죽였겠습니까."

주상이 노하고 말했다.

"삶아버려라!"

괴통이 말했다.

"아아! 원통하구나, 삶겨 죽다니!"

高祖已從豨軍來 至 見信死 且喜且憐之 問 信死亦何言 呂后曰 信言恨
不用蒯通計 高祖曰 是齊辯士也 乃詔齊捕蒯通 蒯通至 上曰 若教淮陰
侯反乎 對曰 然 臣固教之 豎子不用臣之策 故令自夷於此 如彼豎子用
臣之計 陛下安得而夷之乎 上怒曰 亨之 通曰 嗟乎 冤哉亨也

주상이 물었다.

"네가 한신에게 반역하라고 가르쳤는데 무엇이 원통하냐?"

괴통이 대답했다.

"진나라의 벼리가 끊어져 매듭이 풀리자[①] 산동山東은 크게 소란
스러워지고 각각 성씨가 다른 사람들이 함께 일어나고 영웅과 호
걸들이 까마귀처럼 모여들었습니다. 진나라에서 그 사슴을 놓치
자 천하에서는 함께 그 사슴을 추격했는데,[②] 이에 뛰어난 재주에
발 빠른 자들이 먼저 이를 얻게 되었습니다. 도척盜跖의 개가 요
임금을 보고 짖었다고 해서 요임금이 어질지 않은 것이 아닙니다.
개는 따라서 그 주인이 아니면 짖는 것입니다. 이때 신은 오직 한
신만을 알았고 폐하를 알았던 것은 아닙니다. 또 천하에서는 날
카롭고 정교한 무기를 가지고 폐하께서 하고자 하는 일을 하는
자는 매우 많았으나, 원하는 능력이 부족할 뿐이었습니다. 또 그
들을 다 삶으시겠습니까?"

고제가 말했다.

"놔주어라."

이에 괴통의 죄를 용서하고 풀어주었다.

上曰 若教韓信反 何冤 對曰 秦之綱絶而維弛^① 山東大擾 異姓竝起 英
俊烏集 秦失其鹿 天下共逐之^② 於是高材疾足者先得焉 蹠之狗吠堯 堯
非不仁 狗因吠非其主 當是時 臣唯獨知韓信 非知陛下也 且天下銳精
持鋒欲爲陛下所爲者甚衆 顧力不能耳 又可盡亨之邪 高帝曰 置之 乃
釋通之罪

① 綱絶而維弛강절이유이

신주 곧 그물 벼리가 끊어져 그물 매듭이 풀린 것이다. 곧 통치가 해이
해졌다는 뜻이다.

② 秦失其鹿 天下共逐之진실기록 천하공축지

집해 장안이 말했다. "사슴으로 황제의 지위를 비유한 것이다."

張晏曰 以鹿喩帝位也

태사공은 말한다.

내가 회음에 갔었는데 회음 사람들이 나에게 말했다. 한신이 비록
보통 사람이었을 때도 그의 의지는 많은 사람들과 달랐다고 했다.
그의 어머니가 죽었는데 가난해 장례를 치르지 못했다. 그런데 그
는 높고 밝은 땅을 찾아 무덤을 만들고 그 곁에는 1만 가구를 둘 수
있도록 했다. 내가 그의 어머니 무덤을 보았는데 진실로 그러했다.
가령 한신이 도를 배우고 겸양하며 자신의 공로를 자랑하지 않고

그의 능력을 뽐내지 않았다면 거의 바람대로 되었을 것이고, 한나라에서 공훈은 주공周公이나 소공召公이나 태공太公 무리에 견주게 되어 후세에 제사를 받았으리라. 이러한 것으로 나가는 것에 힘쓰지 않고 천하가 이미 집결되었는데 반역을 꾀해 종족들이 전멸했으니, 또한 마땅하지 않은가.

太史公曰 吾如淮陰 淮陰人爲余言 韓信雖爲布衣時 其志與衆異 其母死 貧無以葬 然乃行營高敞地 令其旁可置萬家 余視其母冢 良然 假令韓信學道謙讓 不伐己功 不矜其能 則庶幾哉 於漢家勳可以比周召太公之徒 後世血食矣 不務出此 而天下已集 乃謀畔逆 夷滅宗族 不亦宜乎

색은술찬 사마정이 펼쳐서 밝히다.

군신이 일체가 되는 것은 옛날부터 어려웠다. 상국은 깊이 추천했고 계책에 따라 단에 올라 임명했다. 모래를 가라앉히고 물을 터트리며 깃발을 뽑고 식사 명령을 전했다. 한나라와 함께하면 한나라가 중후해지고 초나라로 돌아가면 초나라가 편안해진다. 삼분책은 논의하지 않았어야 하는데, 거짓된 유세는 한탄스럽구나!

君臣一體 自古所難 相國深薦 策拜登壇 沈沙決水 拔幟傳餐 與漢漢重 歸楚楚安 三分不議 僞遊可歎

[지도 1] 회음후열전

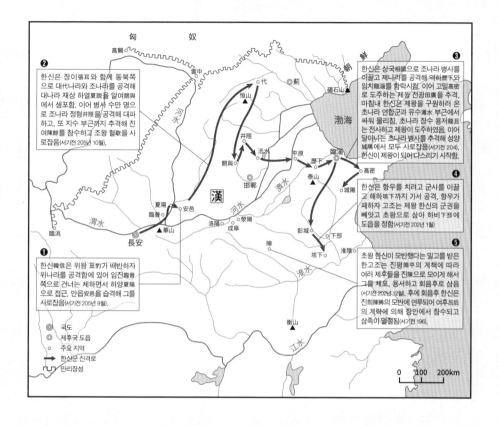

❷ 한신은 장이張耳와 함께 동북쪽으로 대代나라와 조趙나라를 공격해 대나라 재상 하열夏說을 알여閼與에서 생포함. 이어 병사 수만 명으로 조나라 정형井陘을 공격해 대파하고, 또 지수 부근까지 추격해 진여陳餘를 참수하고 조왕 헐歇을 사로잡음(서기전 205년 10월).

❸ 한신은 상국相國으로 조나라 병사를 이끌고 제나라를 공격해 역하歷下와 임치臨淄를 함락시킴. 이어 고밀高密로 도주하는 제왕 전광田廣을 추격. 마침내 한신은 제왕을 구원하러 온 초나라 연합군과 유수濰水 부근에서 싸워 물리침, 초나라 장수 용저龍且는 전사하고 제왕이 도주하였음. 이어 달아나는 초나라 병사를 추격해 성양城陽에서 모두 사로잡음(서기전 204), 한신이 제왕이 되어 다스리기 시작함.

❹ 한신은 항우를 치려고 군사를 이끌고 해하垓下까지 가서 공격, 항우가 패하자 고조는 제왕 한신의 군권을 빼앗고 초나라 삼아 하비下邳에 도읍을 정함(서기전 202년 1월).

❺ 초왕 한신이 모반했다는 밀고를 받은 한고조는 진평陳平의 계책에 따라 여러 제후들을 진陳으로 모이게 해서 그를 체포, 용서하고 회음후로 삼음(서기전 202년 12월). 후에 회음후 한신은 진희陳豨의 모반에 연루되어 여후呂后의 계략에 의해 장안에서 참수되고 삼족이 멸절됨(서기전 196).

❶ 한신韓信은 위왕 표豹가 배반하자 위나라를 공격함에 있어 임진臨晉 쪽으로 건너는 체하면서 하양夏陽으로 접근, 안읍安邑을 습격해 그를 사로잡음(서기전 205년 9월).

○ 국도
◎ 제후국 도읍
○ 주요 지역
➤ 한신군 진격로
ⁿⁿ 만리장성

0 100 200km

사기 제93권 史記卷九十三

한신노관열전 韓信盧綰列傳

사기 제93권 한신노관열전 제33

史記卷九十三 韓信盧綰列傳第三十三

신주 본 열전은 진나라 말기부터 전한 초기까지 활약한 군인이자 관료인 한신韓信과 진말한초에 활약한 장군이며 한고조 유방과 동향인同鄕人인 노관盧綰을 함께 다루고 있다.

한신韓信은 당시에 함께 했던 회음후 한신韓信과 이름이 같아서 두 사람을 구분하기 위해 그의 작위와 이름을 합쳐 한왕韓王 신信으로 부른다. 한왕 신은 전국시대 한韓나라 양왕襄王의 얼손孽孫이다. 소년 시절인 진말秦末 동란기에 항량과 장량에 의해 종친 횡양군橫陽君 한성韓成이 한왕韓王에 옹립되지만, 진秦나라가 멸망한 후에 항우項羽에게 유방과 내통한다는 의심을 사게 되어 팽성에서 처형됨으로써 집안은 풍비박산했다. 그러나 초한전쟁 초기에 한신은 유방劉邦을 보좌하여 기사회생의 기회를 얻게 된다. 이때 고제에게 항우와 싸우도록 진언했고, 성신후成信後에 봉해져 태위太尉가 되었을 때 삼진三秦을 정벌하고 한韓의 고토古土를 공략함으로써 그 공을 인정한 유방으로부터 한韓나라 왕에 봉해진다. 이후 어려운 상황에서도 우여곡절을 겪으면서 유방의 부하로 회수의 전투 참전, 형양성 수비 등 공이 있었다.

초한전쟁이 끝나고 유방이 황제가 되자 한韓나라 왕 한신은 흉노를 대비해 거처를 태원太原 이북으로 옮겼는데, 흉노가 침략하자 한신은 묵돌 선우 冒頓單于와 휴전을 교섭한 것이 배신행위로 간주되자 흉노로 투항하였다. 이후 흉노의 장군으로 한漢나라 군과 자주 교전하다가 서기전 196년에 유방의 부하인 시무柴武와 싸워 패하자 태자와 함께 참수되었다.

노관盧綰(서기전 256～서기전 194)은 전한 초기의 연燕나라 왕으로, 유방과 소하와 동향인 풍읍 중양리 사람이다. 노관의 아버지는 유방의 아버지와 친구 사이였으며, 노관은 유방과 같은 날 태어나 죽마고우로 자랐다. 유방이 죄를 지어 도망 다닐 때, 노관은 유방과 행동을 함께 했고, 유방이 황제가 된 뒤에도 신하로서 유일하게 유방의 침실에 자유롭게 드나들 수 있었다.

유방이 진秦나라에서 거병하였을 때 노관은 그를 따라 각지를 전전하며 싸웠다. 초한楚漢전쟁 때에는 유방의 종형인 유가劉賈와 함께 창읍에서 팽월彭越과 합류하여 초나라 군의 보급기지를 습격하기도 했다. 이 때문에 항우는 식량난에 빠져 최후까지 어려움을 겪기도 했다.

유방이 제위에 오른 지 얼마 되지 않아 연나라 장도藏茶가 반란을 일으켰다가 패배해 죽자 태위 노관盧綰을 후임으로 연나라 왕에 봉했다. 하지만 유방이 진희陳豨를 칠 때 노관이 흉노로 보낸 사자 장승張勝에게 설득당해 진희와 내통하게 된다. 서기전 195년에 영포英布를 토벌하다가 부상 입은 유방에게 이 사실이 고변告變 됨으로써 노관은 결박당해 장안으로 호송되는 위기에 처하게 되었다. 그해 여름 유방이 미앙궁未央宮에서 죽자 흉노로 망명하게 된다. 흉노의 묵돌선우冒頓單于는 노관을 환영해 동호의 노왕盧王으로 봉하지만 1여 년 뒤에 병사하고 말았다.

이 열전은 진나라 멸망과 한나라가 수립되어 유방이 죽을 때까지 혼란스러운 상황에서 한신과 노관의 일대기를 그리고 있는데, 신하된 자가 주군을 섬기는 일이 얼마나 어려운 것인지를 느끼게 한다. 한신과 노관은 비슷한 면이 많다. 유방과 한나라를 세우고 기틀을 다지는데 공적이 있고, 그 공으로 왕에 봉해졌으며, 반란을 일으켜 흉노로 도망간 것, 그리고 그의 자손이 다시 한漢나라에 투항한 것 등 공통점이 많다. 이러한 이유로 인해서 사마천은 아마 이 두 사람의 일대기를 한 권의 열전으로 묶어 기록했을 것이다.

한왕 한신

한왕韓王 신信은[1] 옛 한나라 양왕襄王의 얼손이다.[2] 키가 8자 5치나 되었다.

항량項梁이 초나라 후손인 회왕懷王을 세웠을 때 연燕과 제齊와 조趙와 위魏에는 모두 이미 지난날의 왕이 있었으나, 오직 한나라만 후사가 없었다. 그러므로 한나라의 여러 공자의 한 사람인 횡양군橫陽君[3] 성成을 세워 한왕으로 삼고[4] 한나라 옛 땅을 어루만져 안정시키려고 했다.

항량이 정도定陶에서 패배하여 죽자 성成은 회왕에게 달아났다. 패공沛公이 군사를 이끌고 양성陽城[5]을 공격했을 때, 장량을 시켜 한나라 사도司徒[6]로 삼아 한나라 옛 땅들을 함락해 항복하게 하고 신信을 얻어 한나라 장군으로 삼았다. 신信은 그의 군사를 거느리고 패공을 따라 무관武關으로 들어갔다.

韓王信者[1] 故韓襄王孽孫也[2] 長八尺五寸 及項梁之立楚後懷王也 燕齊趙魏皆已前王 唯韓無有後 故立韓諸公子橫陽君[3]成爲韓王[4] 欲以撫定韓故地 項梁敗死定陶 成犇懷王 沛公引兵擊陽城[5] 使張良以韓司徒[6]降下韓故地 得信 以爲韓將 將其兵從沛公入武關

① 韓王信者한왕 신자

[집해] 서광이 말했다. "한편 신도信都라고 이른다."

徐廣曰 一云信都

[색은] 《초한춘추》에서는 한왕 신도韓王信都는 오류일 것이라고 했다. 여러 책에도 한신도韓信都가 있다고 말하지 않았다. 살펴보니 한왕 신이 처음에 한사도韓司徒가 되었는데, 뒤에 와전되어 신도申徒라고 했다. 그래서 잘못된 것을 따라 한왕韓王의 이름이 되었을 뿐이다.

楚漢春秋云韓王信都 恐謬也 諸書不言有韓信都 案 韓王信初爲韓司徒 後訛云申徒 因誤以爲韓王名耳

[신주] 회음후 한신과 동명이인이라, 그가 한왕임을 감안하여 역사에서 구별하기 위해 한왕 신이라 부른다.

② 孼孫也얼손야

[집해] 장안이 말했다. "유자孺子를 얼孼이라고 한다."

張晏曰 孺子爲孼

[색은] 장안이 말했다. "서자庶子를 얼자라고 한다." 하휴가 《공양전》에 주석하였다. "얼孼은 천한 아들이며 나무를 베면 움이 생기는 것과 같다." 《한서》에서 조조晁錯가 "얼자 도혜왕悼惠王"이라고 한 것이 이것이다.

張晏云 庶子爲孼子 何休注公羊以爲 孼 賤子 猶之伐木有孼生也 漢書晁錯云孼子悼惠王 是也

③ 橫陽君횡양군

[정의] 옛 횡성은 송주 송성현 서남쪽 30리에 있다.

故橫城在宋州宋城縣西南三十里

④ 爲韓王 위한왕

집해 서광이 말했다. "2년 6월이다. 양적에 도읍했다."

徐廣曰 二年六月也 都陽翟

⑤ 陽城 양성

정의 하남현이다.

河南縣也

⑥ 司徒 사도

집해 서광이 말했다. "다른 판본에는 신도申徒로 많이 나와 있고, 신申과 사司는 소리가 서로 비슷해 글자가 이로 말미암아 뒤섞였을 뿐이다. 지금 신도申徒가 있는 것은, 이것은 사도司徒의 후예를 이른 것이며 사司의 발음이 바뀌어서 신申이 되었다는 말이다."

徐廣曰 他本多作 申徒 申與司聲相近 字由此錯亂耳 今有申徒 云是司徒之後 言司聲轉爲申

패공이 즉위해서 한왕漢王이 되자 한왕 신은 따라 한중漢中으로 들어가 이에 한왕을 설득했다.

"항왕이 여러 장수를 가까운 땅에 왕으로 삼았는데, 왕을 홀로 먼 이곳에 있게 했으니 이것은 좌천左遷입니다. 사졸들은 모두 산동 사람들이라 발돋움하면서① 돌아가기를 바랄 것입니다. 그들의 날카로운 칼날이 동쪽으로 향하면② 천하를 다툴 수 있을 것입니다."

한왕이 돌아와 삼진三秦을 평정하고 이에 신信을 한왕韓王으로 삼는 것을 허락하고 먼저 신信을 제수해 한韓나라 태위太尉로 삼아 군사를 거느리고 한韓나라의 땅을 공략하도록 했다.

沛公立爲漢王 韓信從入漢中 迺說漢王曰 項王王諸將近地 而王獨遠居此 此左遷也 士卒皆山東人 跂①而望歸 及其鋒東鄕② 可以爭天下 漢王還定三秦 迺許信爲韓王 先拜信爲韓太尉 將兵略韓地

① 跂기

색은 跂의 발음은 '기企'이고 발돋움하는 것이다.

跂音企 起踵也

정의 跂의 발음은 '기岐'이다.

跂音岐

② 鋒東鄕봉동향

집해 문영이 말했다. "날카로운 칼끝이 동쪽으로 향하고자 한 것이다."

文穎曰 鋒銳欲東向

색은 살펴보니 요씨가 말했다. "군중의 장군과 사졸의 기운이 뾰족한 것이다." 위소가 말했다. "그 기氣의 끝이 날카롭게 동쪽으로 가고자 한 것이다."

按 姚氏云 軍中將士氣鋒 韋昭曰 其氣鋒銳欲東也

항적項籍은 여러 왕을 봉해 모두 나라로 나아가도록 했다. 단지 한왕韓王 성成은 공로도 없는데 자신을 따르지 않아 국가로 나아 가지 못하고 다시 열후로 삼았다.[①]

한漢나라에서 한신을 보내 한韓나라 땅을 공략하게 한다는 소문 을 듣자, 지난날 항적이 오吳 땅에서 유람할 때 오吳 땅의 현령이 던 정창鄭昌[②]을 한왕韓王으로 삼아서 한漢나라를 막도록 했다.

한漢나라 2년, 한신은 한韓나라 10여 개의 성을 빼앗아 안정시켰 다. 한왕漢王이 하남河南에 이르자 한신은 한왕 정창을 양성에서 급히 공격했다. 한왕 정창이 항복하자, 한왕漢王은 한신을 세워서 한왕韓王으로 삼고[③] 항상 한나라 군사를 거느리고 따르게 했다.

項籍之封諸王皆就國 韓王成以不從無功 不遣就國 更以爲列侯[①] 及聞 漢遣韓信略韓地 迺令故項籍游吳時吳令鄭昌[②]爲韓王以距漢 漢二年 韓信略定韓十餘城 漢王至河南 韓信急擊韓王昌陽城 昌降 漢王迺立 韓信爲韓王[③] 常將韓兵從

① 更以爲列侯 경이위열후

집해 서광이 말했다. "원년 11월에 성成을 처단했다." 살펴보니 《한서》 에서 말한다. "(한성을) 양후로 봉했다"

徐廣曰 元年十一月 誅成 駰案 漢書曰 封爲穰侯

색은 〈지리지〉에는 양현은 남양군에 속한다.

地理志穰縣屬南陽

② 鄭昌 정창

[정의] 항적이 오_吳 땅에 있을 때 정창은 오현 현령이 되었다.

項籍在吳時 昌爲吳縣令

③ 爲韓王위한왕

집해 서광이 말했다. "2년 11월이다."

徐廣曰 二年十一月

3년, 한왕漢王이 형양을 나가자 한왕 신과 주가周苛 등이 형양을 수비했다. 이때 초나라 군사가 이르러 형양이 무너지고 한왕 신은 초나라에 항복했는데, 그 뒤 도망쳐서 다시 한漢나라로 돌아왔다. 한漢나라는 (한신을) 다시 세워서 한왕韓王으로 삼았다. 마침내 (그는) 종군해 항적을 공격해 쳐부수고 천하를 평정했다.

5년 봄, 마침내 부절을 쪼개 주어서 한왕으로 삼고 영천潁川에 도읍하여 왕을 하게 했다.

이듬해 봄,① 주상은 한신이 재주와 무용이 있다고 여겼다. 그가 왕을 하는 곳은 북쪽으로는 공鞏과 낙양에서 가깝고 남쪽으로는 완과 섭에 가깝고 동쪽으로는 회양淮陽②을 두어서 모두 천하의 강력한 군사들이 거처했다. 그러므로 조서를 내려 한왕 신을 태원 이북으로 옮겨서 왕을 하게 하여 호胡를 방비하고 진양晉陽에 도읍하게 했다.

三年 漢王出滎陽 韓王信周苛等守滎陽 及楚敗滎陽 信降楚 已而得亡
復歸漢 漢復立以爲韓王 竟從擊破項籍 天下定 五年春 遂與剖符爲韓

> 王 王穎川 明年春^① 上以韓信材武 所王北近鞏洛 南迫宛葉 東有淮陽^②
> 皆天下勁兵處 迺詔徙韓王信王太原以北 備禦胡 都晉陽

① 明年春명년춘

집해 서광이 말했다. "곧 5년의 2월이다." 살펴보니 《한서》에서 말한
다. "6년 봄이다."

徐廣曰 卽五年之二月 駰案 漢書曰 六年春

신주 앞에서 5년이라 했으니 이때는 6년 봄이 되어야 한다. 〈고조본
기〉에도 그렇다고 했다. 서광이 말한 것은 〈진초지제월표〉의 기록인데,
그 기록은 명백히 잘못되었고 또 한왕韓王을 대왕代王이라 기록하기도
했다.

② 淮陽회양

신주 회양은 곧 진陳이다.

한왕 신이 글을 올렸다.

"나라는 변방을 끼고^① 있어서 흉노들이 자주 쳐들어오는데 진
양^②은 요새와의 거리가 너무 머니 청컨대 마읍馬邑^③에 치소를
두었으면 합니다."

주상이 허락했다. 한왕 신은 치소를 마읍으로 옮겼다. 가을에 흉
노 묵돌冒頓^④이 대대적으로 한왕 신을 포위하자 한왕 신은 자주

사신을 호胡에 보내서 화해를 구했다.

한漢나라는 군사를 징발하여 구원했는데, 한왕 신이 틈틈이 흉노에게 사신을 보낸 것은 두 마음이 있다고 의심하고 사람을 시켜서 한왕 신을 꾸짖게 했다. 한왕 신은 처벌받을까 두려워 이를 계기로 흉노와 더불어 한漢나라를 공격할 것을 약속하고 반역하여, 마읍을 들어 호胡에 항복하고 태원을 공격했다.

信上書曰 國被邊[1] 匈奴數入 晉陽[2]去塞遠 請治馬邑[3] 上許之 信乃徙治馬邑 秋 匈奴冒頓[4]大圍信 信數使使胡求和解 漢發兵救之 疑信數間使 有二心 使人責讓信 信恐誅 因與匈奴約共攻漢 反 以馬邑降胡擊太原

① 被邊피변
　집해　이기가 말했다. "被의 발음은 '피마被馬'의 '피被'이다."
李奇曰 被音 被馬〔之被〕也

② 晉陽진양
　정의　병주이다.
幷州

③ 馬邑마읍
　정의　삭주이다.
朔州

④ 冒頓묵돌

앞에 冒의 발음은 '묵墨'이며, 또 '모[莫報反]'이다.

上音墨 又音莫報反

모돈 또는 묵특이라고도 하며, 음차인 관계로 통상 '묵돌'로 읽는다.

7년 겨울, 주상은 직접 가서 공격해 한왕 신의 군대를 동제①에서 쳐부수고 그의 장수 왕희王喜를 참수했다. 한왕 신은 도망쳐 흉노로 달아났다. 그는 백토② 사람 만구신曼丘臣 및 왕황王黃 등과 조나라 후예 조리趙利를 세워서 왕으로 삼고 다시 한왕 신의 패잔병들을 수습하여, 한왕 신과 묵돌은 한漢나라를 공격할 것을 꾀했다. 흉노에서는 좌우현왕左右賢王을 시켜 1만여 기병을 거느리게 하고 왕황 등과 더불어 광무③ 남쪽에 주둔했으며, 진양에 이르러 한나라 군사와 더불어 싸웠다. 한漢나라는 그들을 크게 쳐부수고 추격해 이석離石④에 이르러 다시 쳐부수었다.

七年冬 上自往擊 破信軍銅鞮① 斬其將王喜 信亡走匈奴 (與)其與白土②人曼丘臣王黃等立趙苗裔趙利爲王 復收信敗散兵 而與信及冒頓謀攻漢 匈奴仗左右賢王將萬餘騎與王黃等屯廣武③以南 至晉陽 與漢兵戰 漢大破之 追至于離石④ 復破之

---

① 銅鞮동제

노주의 현이다.

潞州縣

당시 한왕 신과 흉노 군대가 태원군을 거쳐 동남쪽 상당군까지 진출했음을 알 수 있다.

② 白土백토

집해 장안이 말했다. "백토는 현 이름이고 상군에 속한다."

張晏曰 白土 縣名 屬上郡

③ 廣武광무

정의 광무의 옛 성은 대주 안문현 영역에 있다.

廣武故城在代州鴈門縣界也

④ 離石이석

정의 석주의 현이다.

石州縣

흉노는 다시 누번樓煩[①] 서북쪽에서 군사를 모았는데 한漢나라는 거기장군을 시켜 흉노를 쳐부수게 했다. 흉노의 군사들이 패배해 달아날 때마다, 한나라는 승세를 타고 북쪽까지 추격했다. 묵돌이 대代 골짜기[②]에 있다는 소문을 듣고 고황제(유방)는 진양에 거처하면서 사람을 시켜 묵돌을 살펴보게 했다. 돌아와서 보고하기를 "공격하는 것이 좋겠습니다."라고 했다.

주상은 마침내 평성平城③에 이르렀다. 주상이 백등白登④으로 나가자 흉노의 기마병들이 주상을 포위했다. 고조는 사람을 시켜 연지閼氏⑤에게 후한 선물을 보내자, 연지가 이에 묵돌을 설득했다.

"지금 한나라 땅을 얻더라도 오히려 살지 못할 것이오. 또 두 군주는 서로를 곤경에 빠뜨리지 말아야 합니다."

匈奴復聚兵樓煩①西北 漢令車騎擊破匈奴 匈奴常敗走 漢乘勝追北 聞冒頓居代(上)谷② 高皇帝居晉陽 使人視冒頓 還報曰 可擊 上遂至平城③ 上出白登④ 匈奴騎圍上 上乃使人厚遺閼氏⑤ 閼氏乃說冒頓曰 今得漢地 猶不能居 且兩主不相戹

① 樓煩누번

[정의] 안문군 누번현이다.

鴈門郡樓煩縣

② 代谷대곡

[정의] 지금의 규주이다.

今嬀州

③ 平城평성

[정의] 삭주 정양현이 이곳이다.

朔州定襄縣是也

④ 白登백등

집해 복건이 말했다. "백등은 대臺 이름이다. 평성에서 7리 거리이다."
여순이 말했다. "평성 곁의 높은 땅이며 구릉과 같다."

服虔曰 白登 臺名 去平城七里 如淳曰 平城旁之高地 若丘陵也

색은 요씨가 살펴보니 《북강기》에서 말한다. "상건하의 북쪽에 백등산이 있고 묵돌이 한고조를 포위한 곳인데, 지금 아직도 누벽이 있다."

姚氏案 北彊記 桑乾河北有白登山 冒頓圍漢高之所 今猶有壘壁

⑤ 閼氏연지

정의 閼의 발음은 '연[於連反]'이고 또 '연燕'으로 발음한다. 氏의 발음은 '지支'이다. 선우 적처嫡妻의 호칭이고 황후와 같다.

閼 於連反 又音燕 氏音支 單于嫡妻號 若皇后

포위된 지 7일 만에 흉노의 기병이 조금 물러났다. 당시 하늘에는 안개가 매우 심해 한나라 사신들이 왕래했으나 흉노는 발각하지 못했다. 호군중위 진평이 주상에게 말했다.

"흉노의 병기는 단조로우니① 청컨대 강력한 쇠뇌에 화살 두 대씩 매겨② 밖으로 향하고 서서히 나가 포위를 벗어나야 합니다."

평성으로 들어가자 한漢나라 구원병이 또한 도착했다. 흉노의 기병들은 마침내 포위를 풀고 떠나갔다. 한나라도 군사를 파하고 돌아왔다. 한왕 신은 흉노를 위해 군사들을 거느리고 오가면서 변방을 공격했다.

居七日 胡騎稍引去 時天大霧 漢使人往來 胡不覺 護軍中尉陳平言上
曰 胡者全兵^① 請令彊弩傅^②兩矢外嚮 徐行出圍 入平城 漢救兵亦到 胡
騎遂解去 漢亦罷兵歸 韓信爲匈奴將兵往來擊邊

① 全兵전병

집해 《한서음의》에서 말한다. "오직 활과 창만 있고 잡다한 몽둥이는
없다는 말이다."

漢書音義曰 言唯弓矛 無雜仗也

② 傅부

색은 傅의 발음은 '부附'이다.

傅音附

한나라 10년, 한왕 신은 왕황王黃 등을 시켜서 진희를 설득해 그
르치게 했다.

11년 봄, 옛 한왕 신은 다시 흉노의 기병들과 함께 삼합參合^①으로
들어와 살면서 한漢나라에 맞섰다.

한漢나라는 시장군柴將軍^②을 보내서 공격하고 한신에게 서신을
보냈다.

"폐하께서는 너그럽고 인자하시어 제후들이 비록 배반해 도망쳤어
도 다시 돌아오면 번번이 다시 옛날의 지위와 호칭을 복귀시키고

처벌하지 않았소. 대왕大王도 아는 바이오. 지금 왕께서 패배하고 도망쳐 흉노로 달아났으나 큰 죄가 있는 것도 아니니 곧바로 스스로 돌아오시오."

漢十年 信令王黃等說誤陳豨 十一年春 故韓王信復與胡騎入居參合^① 距漢 漢使柴將軍^②擊之 遺信書曰 陛下寬仁 諸侯雖有畔亡 而復歸 輒 復故位號 不誅也 大王所知 今王以敗亡走胡 非有大罪 急自歸

① 參合삼합

집해 소림이 말했다. "대代 땅이다."

蘇林曰 代地也

정의 옛 성은 삭주 정양현 북쪽에 있다.

故城在朔州定襄縣北

② 柴將軍시장군

집해 등전이 말했다. "시기柴奇이다."

鄧展曰 柴奇也

색은 응소는 시무柴武라고 일렀고, 등전은 시기柴奇라고 일렀다. 진작은 시기柴奇는 시무柴武의 아들이라고 일렀다. 응소의 설명이 설득력 있으며, 이때 시기柴奇는 아직 장수가 되지 못했다.

應劭云柴武 鄧展云柴奇 晉灼云奇 武之子 應劭說爲得 此時奇未爲將

한왕 신이 답신을 보냈다.

"폐하께서는 저를 민간에서 일으켜 발탁해 남면해 고孤라고 칭하게 했으니 이것은 저의 행운이었습니다. 형양의 일에서 제가 죽지 못하고 항적에게 잡혔는데 이것이 첫번째 죄입니다. 도적이 이르러 마읍을 공격했을 때 제가 굳게 지키지 못하고 성을 들어 항복했는데 이것이 두번째 죄입니다. 지금 도리어 도적이 되어서 군사를 이끌고 장군과 하루아침의 목숨을 다투는데 이것이 세번째 죄입니다.

대부 종과 범려①는 죄가 한 가지도 없었으나 자신은 죽거나 도망쳤습니다. 지금 저는 폐하에게 세 가지 죄가 있는데 세상에 살기를 구한다면, 이것은 오자서가 오나라에서 고꾸라진② 까닭입니다. 지금 제가 도망쳐 산골짜기에 숨어 살면서 아침저녁으로 만이蠻夷들에게 신세를 지고 있는데, 제가 돌아가려고 생각하는 것은 마치 앉은뱅이③가 일어나는 것을 잊지 못하고 소경이 보는 것을 잊지 못하는 것과 같습니다. 형세상 할 수 없을 따름입니다."

마침내 싸웠다. 시장군은 삼합을 도륙하고 한왕 신을 참수했다.④

韓王信報曰 陛下擢僕起閭巷 南面稱孤 此僕之幸也 滎陽之事 僕不能死 囚於項籍 此一罪也 及寇攻馬邑 僕不能堅守 以城降之 此二罪也 今反爲寇將兵 與將軍爭一旦之命 此三罪也 夫種蠡①無一罪 身死亡 今僕有三罪於陛下 而欲求活於世 此伍子胥所以僨②於吳也 今僕亡匿山谷間 旦暮乞貸蠻夷 僕之思歸 如痿人③不忘起 盲者不忘視也 勢不可耳 遂戰 柴將軍屠參合 斬韓王信④

① 種蠡종려

집해 문영이 말했다. "대부 종과 범려이다."

文穎曰 大夫種 范蠡也

② 僨분

색은 소림이 말했다. "僨의 발음은 '분奮'이다." 장안이 말했다. "분僨은 넘어져 엎어지는 것이다."

蘇林曰 僨音奮 張晏曰 僨 僵仆也

정의 한신은 한漢나라로 돌아가면 반드시 죽는다는 것을 알았다. 그러므로 오자서를 인용해서 이야기한 것이다.

信知歸漢必死 故引子胥以爲辭

③ 痿人위인

색은 痿의 발음은 '우[耳誰反]'이고 옛 발음은 '우[耳睡反]'이며 뜻에서 멀어졌다. 장읍은 말했다. "위痿는 일어나지 못하는 것이다." 〈애제기〉에서 "황제는 즉위하여 하반신 마비가 되었다."라고 한 것이 이것이다.

痿 耳誰反 舊音耳睡反 於義爲疏 張揖云 痿不能起 哀帝紀云 帝卽位痿痺 是也

④ 斬韓王信참한왕 신

신주 〈번쾌열전〉에는 한왕 신을 벤 것은 번쾌의 부하들이라고 한다. 아마 여기서는 열전의 특성상 총지휘관인 시무柴武를 거론한 것으로 보인다.

한신이 흉노로 들어갈 때 태자와 함께 했다. 퇴당성隤當城[1]에 이르러 아들을 낳아 이름을 퇴당이라 했다. 한韓 태자도 아들을 낳아 이름을 영嬰이라 했다.

효문제 14년에 이르러 퇴당隤當과 영嬰이 그의 무리를 거느리고 한나라에 항복해 왔다. 한漢나라는 퇴당을 궁고후弓高侯[2]로 봉하고 영嬰은 양성후襄城侯[3]가 되었다. 오吳와 초楚가 군사를 일으켰을 때, 궁고후는 공로가 모든 장수 중에서 으뜸이었다.[4] 아들에게 전해지고 손자에 이르렀는데[5] 손자는 자식이 없어서 후작의 지위를 잃었다. 영嬰의 손자는 불경죄로 후작의 지위를 잃었다.[6]

信之入匈奴 與太子俱 及至隤當城[1] 生子 因名曰隤當 韓太子亦生子 命曰嬰 至孝文十四年 隤當及嬰率其衆降漢 漢封隤當爲弓高侯[2] 嬰爲 襄城侯[3] 吳楚軍時 弓高侯功冠諸將[4] 傳子至孫[5] 孫無子失侯 嬰孫以 不敬失侯[6]

① 隤當城퇴당성

집해 《한서음의》에서 말한다. "현 이름이다." 위소가 말했다. "흉노 땅에 있다."

漢書音義曰 縣名 韋昭曰 在匈奴地

② 弓高侯궁고후

집해 〈지리지〉에는 하간군에 궁고현이 있다.

地理志河間有弓高縣也

색은 〈지리지〉에는 하간군에 속하고, 《한서》 〈공신표〉에는 영릉에 속한다.

地理志屬河間 漢書功臣表屬營陵

[정의] 창주의 현이다.

滄州縣

[신주] 《한서》에서 말한 영릉현은 북해군 소속인데, 《사기지의》에서는 잘못이라고 했다. 한퇴당은 한왕 신의 서자이다. 〈혜경간후자연표〉에 궁고후와 양성후에 봉한 시기는 효문제 16년이다. 여기서는 14년이라 기록했는데, 아마 한漢나라로 귀순한 것이 14년이고 제후에 봉해진 것이 16년이라고 여기는 것이 타당할 것이다.

③ 襄城侯양성후

[색은] 살펴보니 복건이 말했다. "현 이름이다. 《한서》 〈공신표〉에는 위군에 속한다."

案 服虔云縣名 功臣表屬魏郡

[신주] 양성현은 영천군 소속이다. 〈지리지〉의 기록도 그러하다.

④ 功冠諸將공관제장

[집해] 서광이 말했다. "시호는 장壯이다."

徐廣曰 諡曰壯

⑤ 至孫지손

[신주] 〈혜경간후자연표〉로 검토하면 손자의 이름은 칙則이다.

⑥ 嬰孫以不敬失侯영손이불경실후

집해 서광이 말했다. "〈혜경간후자연표〉에는 영영의 아들은 택지澤之이고 원삭元朔 4년 불경죄로 국가가 없어졌다고 했다."

徐廣曰 表云嬰子澤之 元朔四年不敬國除

신주 손자가 아니라 아들이 맞다. 여기 열전이 잘못되었다.

퇴당積當의 서손 한언韓嫣[1]은 천자가 아끼고 사랑해 명성과 부유함이 당세에 드러났다. 그의 아우 한열韓說은 다시 봉해지고 자주장군으로 일컬어졌으며 마침내 안도후桉道侯가 되었다.[2]

그의 아들이 대를 이었는데[3] 한 해 남짓 되어서 법에 연좌되어 죽었다. 한 해 남짓 뒤에 한열의 손자 한증韓曾[4]이 제수되어 용액후龍頟侯[5]가 되어서 한열의 뒤를 계승했다.

積當孼孫韓嫣[1] 貴幸 名富顯於當世 其弟說 再封 數稱將軍 卒爲桉道侯[2] 子代[3] 歲餘坐法死 後歲餘 說孫曾[4]拜爲龍頟侯[5] 續說後

---

① 韓嫣한언

집해 《한서음의》에서 말한다. "嫣의 발음은 '언릉鄢陵'의 '언鄢'이다."

漢書音義曰 音鄢陵之鄢

색은 鄢의 발음은 '언偃' 또는 '언[一言反]' 또는 '현[休延反]'인데 모두 통한다.

音偃 又一言反 又休延反 竝通

② 卒爲桉道侯졸위안도후

신주 여기서는 '卒' 자를 써서 중간을 생략했음을 나타내고 있다. 뒤에 ⑤번 정의 주석처럼, 한열은 용액후가 되었다가 폐후되고 다시 안도후가 된 것이다. 《한서》〈공신표〉에 한열의 시호를 '민愍'이라 한다. 나중에 위태자 사건에 연루되어 위태자에게 억울하게 살해당했기 때문이다.

③ 子代자대

집해 서광이 말했다. "이름은 장군長君이다."

徐廣曰 名長君

신주 〈건원이래후자연표〉에는 그냥 장長이라 했고 《한서》〈공신표〉에는 홍興이라 했다.

④ 孫曾손증

집해 서광이 말했다. "장군長君의 아들이다."

徐廣曰 長君之子也

색은 서광이 말했다. "장군의 아들이다." 《박물지》를 살펴보니 자字는 계군季君이었다.

徐廣曰 長君之子 案博物志 字季君也

신주 《한서》〈공신표〉에는 홍興의 아우라고 했다.

⑤ 龍頟侯용액후

색은 頟의 발음은 '역[五格反]'이다. 또한 액頟은 '낙雒'으로 되어 있고 雒의 발음은 '낙洛'이다. 용액龍頟은 현 이름이다.

頟 五格反 又作雒 音洛 龍頟 縣名

《사기》〈건원이래후자연표〉 및 〈위청전〉과 《한서》〈공신표〉에는 한열韓說은 원삭 5년 대장군을 따라 공로가 있어 용액후에 봉해졌는데 주금酎金에 걸려 작위가 없어졌다. 원봉 원년 동월을 공격해 공로가 있어 안도후桉道侯에 봉해졌다. 정화 2년 손자 한증韓曾이 다시 봉해져 용액후가 되었다. 《한서》〈공신표〉에는 무제 후원 원년에 한열의 손자 한증이 계승해 용액후에 봉해졌다. 《한서》〈공신표〉가 옳은 것이다.

史記表衞青傳及漢書表云韓說 元朔五年 從大將軍有功 封龍額侯 以酎金坐免 元封元年 擊東越有功 封桉道侯 征和二年 孫子曾復封爲龍額侯 漢書功臣表云 武後元年 說孫曾紹封龍額侯 漢表是也

신주 위에 정의 주석은 맞는 것도 있고 틀린 것도 있다. 앞의 주석에서 모두 설명했으며 종합적인 것은 〈건원이래후자연표〉에 있다.

연왕 노관

노관은 풍 땅 사람이며 고조高祖와 같은 마을 사람이다. 노관의 아버지①와 고조의 태상황太上皇은 서로 아꼈으며, 아들을 낳을 때도 고조와 노관은 같은 날에 태어났었다. 마을 안에서는 양과 술을 가지고 두 집안을 축하했다.

고조와 노관이 장성하자 함께 글을 배우고 또 서로 아꼈다. 마을 안에서는 두 집안의 아버지가 서로 아껴서 같은 날에 아들을 낳았고 장성해서도 또 서로 아끼니, 다시 양과 술을 가지고 두 집안을 축하해 주었다.

盧綰者 豐人也 與高祖同里 盧綰親①與高祖太上皇相愛 及生男 高祖盧綰同日生 里中持羊酒賀兩家 及高祖盧綰壯 俱學書 又相愛也 里中嘉兩家親相愛 生子同日 壯又相愛 復賀兩家羊酒

① 親친

[집해] 여순이 말했다. "친親은 아버지를 이른다."

如淳曰 親謂父也

고조가 일반 백성 시절에 관청에 일을 저지르고 피해 숨어 다닐 때 노관이 항상 따라서 출입하고 오르내렸다. 고조가 처음 패현沛縣에서 일어났을 때 노관이 객客으로 따랐으며 한중으로 들어가서는 장군이 되어 항상 안에서 모셨다.

동쪽을 따라 항적項籍을 공격할 때는 태위로 항상 따랐다. 또 침실을 드나들고 상으로 내리는 의복이나 음식은 모든 신하가 감히 바라지 못하는 것이었다. 비록 소하와 조참 등이라도 특별히 일로써 예를 나타낼 수 있었으나, 그 친하고 총애함은 노관에 미치지 못했다. 노관은 봉해져 장안후長安侯가 되었다. 장안長安은 옛날의 함양咸陽이다.[1]

高祖爲布衣時 有吏事辟匿 盧綰常隨出入上下 及高祖初起沛 盧綰以客從 入漢中爲將軍 常侍中 從東擊項籍 以太尉常從 出入臥內 衣被飮食賞賜 群臣莫敢望 雖蕭曹等 特以事見禮 至其親幸 莫及盧綰 綰封爲長安侯 長安 故咸陽也[1]

[1] 咸陽也함양야

정의 진나라 함양은 위수渭水 북쪽에 있고 장안은 위수 남쪽에 있으며 소하가 미앙궁未央宮을 세운 곳이다.

秦咸陽在渭北 長安在渭南 蕭何起未央宮處也

한나라 5년 겨울, 항적을 처부수었다. 이에 노관을 별장別將으로 삼아 유가劉賈와 더불어 임강왕臨江王 공위共尉[1]를 공격해 처부수도록 했다. 7월에 돌아와 고조를 따라 연왕燕王 장도臧荼를 공격했는데 장도가 항복했다.

고조가 이미 천하를 안정시켰는데 제후들 중 유씨劉氏가 아닌 다른 성씨로 왕王이 된 자는 7명이었다. 고조는 노관을 왕으로 삼고 싶었지만 여러 신하들이 불만을 품고 원망하지 않을까 생각했다.[2] 노관이 장도를 사로잡자 여러 장수와 재상과 열후列侯에게 조서를 내려 여러 신하 중에서 공로가 있는 자를 가려서 연왕으로 삼고자 한다고 했다. 모든 신하는 주상이 노관을 왕으로 삼고자 하는 것을 알고 모두 말했다.

"태위 장안후 노관은 항상 따라다니며 천하를 평정해 공로가 가장 많으니, 연나라 왕으로 삼는 것이 좋겠습니다."

이에 조서를 내려 허락했다.

한漢나라 5년 8월, 이에 노관을 세워서 연왕으로 삼았다. 제후왕으로서 총애를 얻은 이는 연왕 같은 이가 없었다.

漢五年冬 以破項籍 迺使盧綰別將 與劉賈擊臨江王共尉[1] 破之 七月還 從擊燕王臧荼 臧荼降 高祖已定天下 諸侯非劉氏而王者七人 欲王盧綰 爲群臣觖望[2] 及虜臧荼 迺下詔諸將相列侯 擇群臣有功者以爲燕王 群臣知上欲王盧綰 皆言曰 太尉長安侯盧綰常從平定天下 功最多 可王燕 詔許之 漢五年八月 迺立虜綰爲燕王 諸侯王得幸莫如燕王

① 共尉공위

집해 이기가 말했다. "공오의 아들이다."

李奇曰 共敖子

② 觖望결망

집해 여순이 말했다. "觖의 발음은 '결별決別'의 '결決'이다. 망望은 원怨과 같다." 신찬이 말했다. "결觖은 서로 들추어서 원망하는 것이다." 위소가 말했다. "결觖은 바라는 것과 같다."

如淳曰 觖音決別之決 望猶怨也 瓚曰 觖謂相觖而怨望也 韋昭曰 觖猶冀也

색은 복건은 觖의 발음이 '결決'이라고 했다. 결망은 원망怨望과 같다. 또 觖의 발음은 '기企'이다. 위소는 '기冀'로 발음한다고 했다.

服虔音決 觖望猶怨望也 又音企 韋昭音冀

신주 결망觖望은 '불만 때문에 원망한다'는 말이다.

한나라 11년 가을, 진희陳豨가 대代 땅에서 반란을 일으키자,① 고조는 한단으로 가서 진희의 군사를 공격했는데 연왕 노관도 그동북쪽을 공격했다. 이때 진희는 왕황王黃을 시켜 흉노에게 구원을 요청했다. 연왕 노관도 그의 신하 장승張勝을 흉노에 사신으로 보내서 진희 등의 군사가 이미 격파되었다는 것을 말하게 했다. 장승이 호胡에 이르렀는데, 옛 연왕 장도臧茶의 아들 연衍이 탈출해 도망쳐 호胡에 있었다. 장승을 만나자 말했다.

"공께서 연나라에서 중요하게 여겨지는 까닭은 호胡의 일에 익숙하기 때문입니다. 연나라가 오래도록 보존된 까닭은 제후들이 자주 반란을 일으켜 전쟁이 계속되어 해결되지 않기 때문입니다. 지금 공께서 연나라를 위해 급히 진희 등을 없애려고 하는데, 진희 등이 없어지고 나면 다음은 또한 연나라에 이를 것이며 공 등은 또한 포로가 될 것입니다. 공은 어찌해 연나라로 하여금 진희를 공격하는 것을 늦추게 하고 호胡와 화평하도록 하지 않는 것입니까. 일이 늦추어지면 길이 연나라에서 왕을 하게 될 것입니다. 곧 한나라에 급박한 일이 있어야 연나라를 편안하게 할 수 있는 것입니다."

漢十一年秋 陳豨反代地^① 高祖如邯鄲擊豨兵 燕王綰亦擊其東北 當是時 陳豨使王黃求救匈奴 燕王綰亦使其臣張勝於匈奴 言豨等軍破 張勝至胡 故燕王臧荼子衍出亡在胡 見張勝曰 公所以重於燕者 以習胡事也 燕所以久存者 以諸侯數反 兵連不決也 今公爲燕欲急滅豨等 豨等已盡 次亦至燕 公等亦且爲虜矣 公何不令燕且緩陳豨而與胡和 事寬 得長王燕 卽有漢急 可以安國

① 十一年秋 陳豨反代地십일년추 진희반대지

신주 제반 기록에서 진희가 반란한 것은 10년 가을이다. 여기 기록이 잘못이다.

장승이 그렇게 여기고 사사로이 흉노를 시켜서 진희 등을 도와 연나라를 치도록 했다. 연왕 노관은 장승이 흉노와 함께 배반했다고 의심하고 글을 올려서 장승을 멸족할 것을 청했다. 장승이 돌아와 구체적인 것을 갖추어서 생각한 바를 말했다.

연왕은 깨닫고 이에 거짓으로 다른 사람을 판결하여 다스리고 장승의 가족을 벗어나게 해서 흉노의 간첩이 되게 만들었다. 그리고 몰래 범제范齊를 시켜 진희의 처소로 가게 해서 오래도록 도망 다니게 하여① 전쟁이 이어져 해결되지 못하도록 했다.

張勝以爲然 迺私令匈奴助豨等擊燕 燕王綰疑張勝與胡反 上書請族張勝 勝還 具道所以爲者 燕王寤 迺詐論它人 脫勝家屬 使得爲匈奴間 而陰使范齊之陳豨所 欲令久亡① 連兵勿決

① 欲令久亡 욕령구망

[집해] 진작이 말했다. "진희로 하여금 오래도록 도망쳐 배반하게 한 것이다."

晉灼曰 使陳豨久亡畔

한나라 12년, 동쪽에서 경포를 공격하는데 진희는 항상 군사를 거느리고 대代 땅에 거처했다. 한나라는 번쾌를 시켜 진희를 공격하고 참수케 했다. 진희의 비장이 항복했는데 연왕 노관이 범제를 시켜서 진희의 처소에서 모의를 도모했다고 고발했다.

고조는 사신을 시켜 노관을 불렀는데 노관은 병을 핑계 댔다. 고조는 또 벽양후辟陽侯 심이기와 어사대부 조요趙堯로 하여금 가서 연왕을 맞아오게 하고,① 그에 따라 좌우 사람들에게 증거를 찾도록 했다. 노관은 더욱 두려워하고 문을 닫고 숨었으며, 그가 총애하는 신하들에게 말했다.

"유씨劉氏가 아닌 자가 왕을 하는 것은 유독 나와 장사왕長沙王 뿐이다. 지난해 봄에 한나라는 회음후를 몰살했고 여름에 팽월을 처단했는데, 모두 여후의 계책이었다. 지금 주상은 병이 들어 여후에게 모든 것을 맡겼다. 여후는 부인으로 오로지 이성의 왕이나 큰 공로가 있는 신하들을 처단하는 것을 일삼으려고 한다."

漢十二年 東擊黥布 豨常將兵居代 漢使樊噲擊斬豨 其裨將降 言燕王綰使范齊通計謀於豨所 高祖使使召盧綰 綰稱病 上又使辟陽侯審食其御史大夫趙堯往迎燕王[1] 因驗問左右 綰愈恐 閉匿 謂其幸臣曰 非劉氏而王 獨我與長沙耳 往年春 漢族淮陰 夏 誅彭越 皆呂后計 今上病 屬任呂后 呂后婦人 專欲以事誅異姓王者及大功臣

[1] 御史大夫趙堯往迎燕王어사대부조요왕영연왕

신주 〈고조본기〉에는 심이기만을 거론했는데, 여기서는 어사대부 조요를 함께 거론하여 더 구체적이다.

이에 마침내 병을 핑계로 가지 않았다. 그의 좌우들도 모두 도망쳐 숨었다. 말이 모두 새어나가 벽양후가 듣고 돌아와 주상에게 구체적인 사연을 보고하자, 주상은 더욱 노했다. 또 흉노에서 항복한 자를 얻었는데, 항복한 자는 장승이 도망쳐서 흉노에 있으면서 연나라 사신이 되었다고 말했다. 이에 고조가 말했다.

"노관이 과연 반역했구나!"

번쾌를 시켜 연나라를 치게 했다. 연왕 노관은 모든 그의 궁인宮
人들과 가속들과 기마 수천 필을 거느리고 장성長城 아래에 거처
하면서 상황을 탐문하고 다행히도 주상의 병이 쾌유되면 스스로
들어가서 사죄하려고 했다.

4월, 고조가 붕어하자 노관이 마침내 그의 무리를 이끌고 흉노로
도망쳐 들어갔다. 흉노에서는 동호東胡의 노왕盧王으로 삼았다.
노관은 만이蠻夷에게 침탈당하여 항상 다시 돌아갈 것을 생각했
는데, 한 해 남짓 되어서 호胡 땅에서 죽었다.

迺遂稱病不行 其左右皆亡匿 語頗泄 辟陽侯聞之 歸具報上 上益怒 又
得匈奴降者 降者言張勝亡在匈奴 爲燕使 於是上曰 盧綰果反矣 使樊
噲擊燕 燕王綰悉將其宮人家屬騎數千居長城下 侯伺 幸上病愈 自入
謝 四月 高祖崩 盧綰遂將其衆亡入匈奴 匈奴以爲東胡盧王 綰爲蠻夷
所侵奪 常思復歸 居歲餘 死胡中

고후高后 때 노관의 아내와 자식들이 도망쳐 한나라에 항복했는
데, 때마침 고후가 병이 들어서 만나볼 수 없어서 연나라 관사에
머물며 연회를 열어서 만나보고자 했다. 고후가 끝내 붕어하여
만나지 못하게 되었다. 노관의 아내도 병들어 죽었다.

효경제 중6년, 노관의 손자 타지他之[1]가 (흉노의) 동호왕 신분으로
항복하자[2] 그를 봉해 아곡후亞谷侯로 삼았다.[3]

高后時 盧綰妻子亡降漢 會高后病 不能見 舍燕邸 爲欲置酒見之 高后

> 竟崩 不得見 盧綰妻亦病死 孝景中六年 盧綰孫他之^① 以東胡王降^② 封
> 爲亞谷侯^③

① 他之타지

정의 他의 발음은 '다[徒何反]'이다.

他 徒何反

신주 〈혜경간후자연표〉에는 타보他父이고 노관의 아들이라 하여 이곳
과 다르다.

《한서》〈공신표〉에는 타지他之라 하여 이름은 〈노관열전〉과 같지만,
노관의 아들이라 하여 〈혜경간후자연표〉와 같다. 아마 《한서》가 정확하
다고 보인다. 귀순하여 봉해진 시기는 두 사서 표에서 경제 중5년이라
했다. 여기서는 중6년이라 하여 잘못되었다.

② 東胡王降동호왕항

집해 여순이 말했다. "동호왕이 되어 와서 항복한 것이다.《한기》에서
동호를 오환烏丸이라 한다."

如淳曰 爲東胡王來降也 漢紀東胡 烏丸也

신주 노타지는 흉노의 동호왕 신분으로 항복한 것이다. 아버지가 흉노
의 동호왕이었으니 아들 또한 동호왕을 이었을 것이다. 이것은 오히려 흉
노에서 연나라와 그 주변을 동호라고 불렀다고 봐야 한다.

또《한기》의 말은 시간의 흐름을 간과한 것이다. 이때는 흉노가 강성
하여 몽골고원을 중심으로 중앙아시아를 모두 장악하고 있을 때이다. 오
환이 일어난 것은 흉노가 서쪽으로 물러가서 몽골고원에서 힘의 공백이

발생한 후한 중기의 이후이다. 이때 발생한 두 종족이 바로 선비鮮卑와 오환이다. 오환이 동쪽 장성 일대로 진출한 것은 후한 말기이다.

③ 亞谷侯아곡후

집해 서광이 말했다. "아亞는 다른 판본에는 '악惡'으로 되어 있다."

徐廣曰 亞 一作惡

정의 《한서》〈공신표〉에는 하내군에 있다.

漢表在河內

신주 〈혜경간후자연표〉에서 《색은》 주석은 "아곡亞谷이 다른 판본에는 악보惡父로 되어있다."고 했다.

북방을 어지럽힌 진희

진희는 완구宛朐[1] 사람인데 처음에 고조를 따르게 된 까닭을 모른다. 고조 7년 겨울에 이르러 한왕 신이 반란을 일으켜 흉노 땅으로 들어가자, 주상은 평성平城에 이르렀다가 돌아와서 이에 진희를 봉해 열후로 삼았다.[2] 진희는 조趙나라 상국相國으로 조나라와 대代의 변방 군사들을 거느려서 감독했는데 변방의 군사들이 모두 진희에게 소속되어 있었다.

진희는 항상 고별인사를 하고 조나라를 거쳐서 갔다. 조상趙相 주창周昌[3]은 진희의 빈객으로 진희를 따르는 자들의 수레는 1,000여 대이고, 한단의 관사가 가득 차는 것을 보았다. 또 진희가 빈객을 대접하는 것이 평민의 사귐과 같아서 모든 빈객에게 나가 객의 아래로 낮추었다.[4]

陳豨者 宛朐[1]人也 不知始所以得從 及高祖七年冬 韓王信反 入匈奴 上至平城還 迺封豨爲列侯[2] 以趙相國將監趙代邊兵 邊兵皆屬焉 豨常 告歸過趙 趙相周昌[3]見豨賓客隨之者千餘乘 邯鄲官舍皆滿 豨所以待 賓客布衣交 皆出客下[4]

① 宛朐완구

색은 〈지리지〉에는 제음군에 속한다. 아래에서는 "양梁나라 사람이다."
라고 했는데, 이는 저선생이 다르게 설명한 것이다.

地理志屬濟陰 下又云梁人 是褚先生之說異也

정의 완구는 조주의 현이다. 태사공은 "진희는 양梁나라 사람이다."라
고 했다. 살펴보니 완구는 육국 때 양나라(위나라)에 속했다.

宛朐 曹州縣也 太史公云 陳豨 梁人 按 宛朐 六國時屬梁

② 封豨爲列侯봉희위열후

집해 서광이 말했다. "〈고조공신후자연표〉에서 '진희는 특장으로 군졸
500명을 거느리고 원년 전에 완구宛朐에서 봉기하여 고조를 따랐고, 패
상에 이르러 후가 되었다. 유격장군으로 따로 대代를 평정하고 장도臧荼
를 격파하고 나자, 진희를 양하후로 봉했다.'라고 한다."

徐廣曰 功臣表曰陳豨以特將將卒五百人 前元年從起宛朐 至霸上 爲侯 以游擊
將軍別定代 已破臧荼 封豨爲陽夏侯

③ 趙相周昌조상주창

신주 유방은 아끼는 아들 여의如意를 조왕으로 삼고, 그 보호자로 측
근인 주창을 상국相國으로 삼아 조나라로 보냈다. 그 이야기는 〈장승상
열전〉에 나온다.

④ 客下객하

정의 자신을 낮추는 예로써 하고 부귀하다고 스스로 존대하다고 사용
하지 않는다는 말이다.

言屈己禮之 不用富貴自尊大

진희가 대代로 가자 주창은 이에 조정으로 들어가 주상을 뵙기를 요구했다. 주상을 뵙자 진희의 빈객이 너무 많다고 구체적으로 말하고, 밖에서 여러 해 동안 군사를 멋대로 하면 아마 변란이 있을 것이라고 했다.

주상은 사람을 시켜 진희의 빈객으로 대代에 거주하는 자들의 재물이나 여러 가지의 불법 사항을 캐서 조사하게 했는데, 대부분 진희와 연결되어 있었다. 진희는 두려워하고 몰래 객을 시켜 왕황王黃과 만구신曼丘臣[1]이 있는 곳에 내통하는 사자가 있게 했다.

고조 10년 7월에 이르러 태상황이 붕어하자, 사람을 시켜 진희를 불렀는데 진희는 질병이 심하다고 핑계 댔다. 9월에 마침내 왕황 등과 함께 반역하고 스스로 서서 대왕代王이 되어 조趙와 대代를 겁박하고 약탈했다.

豨還之代 周昌迺求入見 見上 具言豨賓客盛甚 擅兵於外數歲 恐有變 上乃令人覆案豨客居代者財物諸不法事 多連引豨 豨恐 陰令客通使王黃曼丘臣[1]所 及高祖十年七月 太上皇崩 使人召豨 豨稱病甚 九月 遂與王黃等反 自立爲代王 劫略趙代

① 王黃曼丘臣왕황만구신

정의 두 사람은 한왕 신의 장수이다.

二人韓王信將

주상은 소식을 듣고 이에 조趙와 대代의 관리와 사람으로서 진희에게 겁박당하고 약탈당해 잘못된 자들을 사면하여 모두 용서했다. 주상은 직접 가서 한단에 이르러 기뻐하며 말했다.

"진희는 남쪽 장수漳水에 의지하지 않고 북쪽으로 한단을 지키니 그의 능력으로 할 수 없음을 알겠다."

조나라 상국이 상산군수와 군위郡尉를 참수해야 한다고 아뢰었다.

"상산군은 25개 성이 있는데 진희가 반역하자 그 20개 성을 잃었습니다."

주상이 물었다.

"군수와 군위가 반역했느냐?"

조나라 상국이 대답했다.

"반역하지 않았습니다."

주상이 말했다.

"이것은 힘이 부족했기 때문이다."

사면하고 다시 상산군수와 군위로 삼았다. 주상이 주창에게 물었다.

"조나라에 또한 장군을 시킬 장사壯士가 있는가?"

조나라 상국 주창이 대답했다.

"네 명이 있습니다."

네 사람이 배알하자 주상이 꾸짖었다.

"저 놈들이 장수를 할 수 있겠는가?"

네 사람은 부끄러워서 엎드려 있었다. 주상은 각각 1,000호에 봉해서 장군으로 삼았다.

上聞 迺赦趙代吏人爲豨所詿誤劫略者 皆赦之 上自往 至邯鄲 喜曰 豨不南據漳水 北守邯鄲 知其無能爲也 趙相奏斬常山守尉 曰 常山 二十五城 豨反 亡其二十城 上問曰 守尉反乎 對曰 不反 上曰 是力不足 也 赦之 復以爲常山守尉 上問周昌曰 趙亦有壯士可令將者乎 對曰 有 四人 四人謁 上謾罵曰 豎子能爲將乎 四人慙伏 上封之各千戶 以爲將

좌우에서 간했다.

"수행해서 촉蜀과 한중으로 들어가고 초나라를 정벌했는데도, 그 공로가 두루 행해지지 않았는데, 지금 이들이 무슨 공로가 있어서 봉하는 것입니까?"

주상이 말했다.

"그대들이 알 바가 아니다. 진희가 배반해 한단의 북쪽을 모두 진희가 가졌는데 내가 우격羽檄①을 사용해 천하의 군사들을 징집했지만 이르지 않고 있다. 지금 오직 한단 안의 병사들뿐이다. 내가 어찌 4,000호로 네 사람을 봉하는 것을 아껴서 조나라 자제들을 위로하지 않겠는가."

모두 말했다.

"훌륭하십니다."

이에 주상이 말했다.

"진희의 장수는 누구인가?"

사람들이 말했다.

"왕황王黃과 만구신曼丘臣이며 모두 본래 장사꾼입니다."

주상이 말했다.

"알겠다."

이에 각각 왕황과 만구신 등에게 현상금 1,000금을 걸었다.

左右諫曰 從入蜀漢 伐楚 功未徧行 今此何功而封 上曰 非若所知 陳豨
反 邯鄲以北皆豨有 吾以羽檄^①徵天下兵 未有至者 今唯獨邯鄲中兵耳
吾胡愛四千戶封四人 不以慰趙子弟 皆曰 善 於是上曰 陳豨將誰 曰 王
黃曼丘臣 皆故賈人 上曰 吾知之矣 迺各以千金購黃臣等

① 羽檄_{우격}

[집해] 《위무제주사》에서 말한다. "지금 변방에 작은 놀람이 있어 번번이 격격檄을 드러내고 우羽를 꽂아서 우격羽檄의 뜻을 날린다." 살펴보니 그 말을 미루어보면, 새의 깃을 격서檄書에 꽂은 것을 일러 우격羽檄이라고 하며, 그 급하고 신속한 것이 나는 새와 같다는 것에서 취한 것이다.

魏武帝奏事曰 今邊有小警 輒露檄插羽 飛羽檄之意也 駰案 推其言 則以鳥羽
插檄書 謂之羽檄 取其急速若飛鳥也

11년 겨울, 한나라 군사는 진희의 장수 후창侯敞과 왕황을 곡역曲逆 아래에서 공격해^① 참수하고, 진희의 장수 장춘張春을 요성聊城^②에서 쳐부수고 1만 남짓의 수급首級을 베었다. 태위 주발周勃은 태원과 대代 땅으로 쳐들어가 평정했다. 12월, 주상은 직접 동원東垣을 공격했다. 동원이 함락되지 않고 졸병들이 주상에게

욕설을 퍼부었다. 동원이 항복하자 주상에게 욕설을 한 졸병들을
모두 참수하고 욕설을 하지 않은 졸병들에게는 먹물을 뜨는 형벌
을 가했다.[3] 동원의 이름을 진정眞定으로 고치라고 명했다.

十一年冬 漢兵擊斬陳豨將侯敞王黃於曲逆下[1] 破豨將張春於聊城[2]
斬首萬餘 太尉勃入定太原代地 十二月 上自擊東垣 東垣不下 卒罵上
東垣降 卒罵者斬之 不罵者黥之[3] 更命東垣爲眞定

① 王黃於曲逆下왕황어곡역하

정의 정주定州 북평현 동남쪽 15리에 포음蒲陰의 옛 성이 이곳이다.

定州北平縣東南十五里蒲陰故城是也

신주 《사기지의》에서 말한다. "《사기전증》에서 '王黃' 두 글자는 덧붙여
진 것이라 하는데, 옳다. 아래 문장에서 왕황을 사로잡았다고 하였고, 〈번쾌
열전〉에서도 왕황을 사로잡았다고 하니, 베었다고 한 것은 그릇되었다."

② 聊城요성

정의 박주의 현이다.

博州縣

신주 앞서 〈노중련열전〉에서 노중련이 연나라 장수에게 유세했던 곳이다.
옛 제나라 서북단으로 당시 반란세력은 이곳까지 진출할 정도였다.

③ 不罵者黥之불매자경지

신주 《사기지의》에서 말한다. "살펴보니 〈고조본기〉에는 '용서했다[原之]'
라고 했는데, 아마 이곳이 잘못일 것이다."

왕황과 만구신은, 그 휘하 사람들이 현상금을 받기 위해 모두 산 채로 잡아서 바쳤고, 이 때문에 진희의 군대는 마침내 패했다. 주상은 돌아와 낙양에 이르렀다. 주상이 말했다.

"대代는 상산常山의 북쪽에 있는데 조趙나라는 곧 산의 남쪽에 있어서 거리가 멀다."

이에 아들 유항劉恆을 세워 대왕代王으로 삼았다.[1] 중도中都[2]에 도읍하고 대代와 안문雁門은 모두 대代나라에 속했다.

고조 12년 겨울, 번쾌의 군졸들이 진희를 추격해서 영구靈丘에서 참수했다.[3]

王黃曼丘臣其麾下受購賞之 皆生得 以故陳豨軍遂敗 上還至洛陽 上曰 代居常山北 趙迺從山南有之 遠 迺立子恆爲代王[1] 都中都[2] 代鴈門 皆屬代 高祖十二年冬 樊噲軍卒追斬豨於靈丘[3]

[1] 子恆爲代王자항위대왕

집해 서광이 말했다. "11년 정월이다."

徐廣曰 十一年正月

[2] 中都중도

정의 중도의 옛 성은 분주汾州 평요현 서남쪽 12리에 있다.

中都故城在汾州平遙縣西南十二里

[3] 樊噲軍卒追斬豨於靈丘번쾌군졸추참희어영구

정의 울주가 이곳이다.

蔚州是

신주 〈번쾌열전〉에는 번쾌가 진희를 참수했다는 말이 없다. 〈고조본기〉에서 진희를 참수한 것은 번쾌이고 장소는 당성當城이다. 〈강후주발세가〉에는 진희를 참수한 것은 주발이고 장소는 영구이다. 이로 본다면 〈강후주발세가〉가 맞을 것이다. 이것은 여러 사건이 겹친 것이다. 즉 진희가 죽은 것과 비슷한 시기에 반란했던 한왕 신도 참수된다.

〈강후주발세가〉와 〈번쾌열전〉을 자세히 살펴보니 주발은 주로 대代를 중심으로 직접 진희를 쳤고 번쾌는 시무柴武의 지휘 하에 태원과 조나라를 중심으로 한왕 신과 진희의 별동부대를 맡아 작전을 벌이고 있었다. 따라서 정양定襄 부근 삼합參合에서 한왕 신의 흉노 군대를 맞아 싸워 참수한 것은 번쾌인데 마침 당성은 삼합 부근이다. 영구는 이 당성과 삼합에서 상당히 먼 거리이며 당연히 북방 작전을 맡은 주발이 진희를 맡았을 것이다.

태사공은 말한다.

한왕 신과 노관은 본래 덕을 쌓고 선을 쌓은 세대가 아니고 요행히 한때 권세의 변화기에 속임수와 힘으로 공로를 이루었고, 한漢나라가 처음으로 평정하는 시기를 만나 땅을 갈라 얻고 남면하여 고孤를 칭했다. 안으로는 강대해지자 의심받고 밖으로는 만맥蠻貊에게 의지해 원조로 삼았다. 이 때문에 날마다 소원하고 스스로 위태해져 일이 다하고 지혜가 막다르게 되자 마침내 흉노에게 달려갔으니 어찌 슬프지 않으랴!

진희는 양梁나라 사람으로 그가 젊었을 때 자주 위공자魏公子를 사모해 칭찬했다. 장군이 되어 변방을 지키게 되자, 빈객을 초청하고 사인士人들에게 낮추니 명성이 실질을 넘어섰다. 주창이 의심해 그의 흠집이 자못 제기되자, 재앙이 몸에 미칠 것을 두려워하다가 간사한 사람이 설득하니 마침내 무도한 곳에 빠졌다. 아! 슬프구나! 대저 계책이 생겨나고 무르익는 것과 그 성공과 패배가 사람에게 있으니 그 뜻이 깊구나!

太史公曰 韓信盧綰非素積德累善之世 徼一時權變 以詐力成功 遭漢初定 故得列地 南面稱孤 內見疑彊大 外倚蠻貊以爲援 是以日疏自危 事窮智困 卒赴匈奴 豈不哀哉 陳豨 梁人 其少時數稱慕魏公子 及將軍守邊 招致賓客而下士 名聲過實 周昌疑之 疵瑕頗起 懼禍及身 邪人進說 遂陷無道 於戲悲夫 夫計之生孰成敗於人也深矣

색은술찬 사마정이 펼쳐서 밝히다.

한韓나라 양왕은 서자를 남겼고 처음에 한중에서 따랐다. 부절을 갈라 남면하고 도읍을 옮겨 북쪽과 내통했다. 한퇴당은 조국으로 돌아왔고 용액후[1]는 공을 세웠다. 노관은 친근히 아꼈으니 군신들과 같지 못했다. 옛 연나라에서 왕이 되니 동호에서 계책은 다했도다!

韓襄遺孽 始從漢中 剖符南面 徙邑北通 積當歸國 龍雒[1]有功 盧綰親愛 群臣莫同 舊燕是王 東胡計窮

① 龍雒용락

신주 원문은 이처럼 '용락'이지만 원래 맞는 말인 '용액'으로 바꾸어 번역한다. 아마 저소손이 〈건원이래후자연표〉에서 '용락'이라 쓴 것을 따라쓴 것으로 보인다.

사기 제94권 史記卷九十四

전담열전 田儋列傳

사기 제94권 전담열전 제34

史記卷九十四 田儋列傳第三十四

신주 본 열전은 제나라 후예 전담田儋과 그의 종제從弟 전영田榮과 전횡 田橫의 일대기를 기록하였다. 이들이 진나라 말기에 제나라를 건국해서 패망하는 과정을 담고 있는데, 제나라와 초나라의 화해와 대립, 유방이 제나라를 평정하는 과정을 언급하고 있다.

이 열전은 전담이 제나라를 세우는데 가장 어려움을 겪었기 때문에 그를 표제로 삼았으나 내용으로는 전영, 전횡의 정사적 활동에 큰 비중을 두고 있고, 사마천이 전횡의 절개와 인의仁義 때문에 지었다고 한 점에서 이채롭다.

전담은 적현狄縣(지금의 산동성 고청현) 사람이다. 전씨는 원래 제나라의 공족公族이었으며, 초한楚漢시대에 독립하여 세운 나라로 마지막까지 초나라와 교전함으로써 결과적으로 쇠진한 초나라가 한漢나라에 복속되는 결과를 가져왔다.

전담이 옛 제나라를 복국한 것은 서기전 208년 10월에 일으킨 진승과 오광의 반란 때문이다. 이때 위나라 땅을 거쳐서 적狄 땅까지 진군한 진승의 장수 주불은 적현의 현령이 거세게 저항하고 있어 애를 먹고 있었다. 때마침 규성嬀姓이며 전씨인 전담은 종제從弟 전영, 전횡과 함께 적현

현령을 살해하고 전담은 스스로 제나라 왕이 되었고 전영, 전횡을 장군으로 삼아 주불을 격파함으로써 옛 제나라를 복국復國할 수 있었다.

그러나 전담은 군사를 이끌고 위나라를 구하기 위해 출동했다가, 장함章邯의 야습夜襲을 받아 대패하고 전사하였다. 이에 전영田榮은 잔병을 수습하고 동아東阿로 달아났으나, 장함이 추격해 포위했는데, 항량의 도움으로 생명을 구할 수 있었다. 하지만 이러한 은혜를 입었음에도 자신이 위기에 처해 있는 동안 제나라 사람들이 전가田假를 왕으로 세운 사실에 격분해 제나라로 돌아가 그를 축출하고, 전담의 아들 전불田市을 왕으로 세운 다음 초나라로 도망간 전가를 죽여 달라고 요구했으나 들어주지 않았다는 이유로 초나라에 등을 돌렸다. 이 일을 초나라에 대한 불의라고 생각한 항우項羽는 전영과 원수지간이 되었다.

이에 항우는 관중에 들어가 진秦을 멸한 뒤 제나라를 셋으로 나누어 전불田市, 전도田都와 전안田安을 왕으로 삼았으나, 전영은 또 전안과 전불을 살해하고, 전도를 공격하여 삼제三齊(교동, 임치, 제북)의 땅을 병합했다. 그래서 항우가 북쪽 제나라를 토벌하는 빌미가 되었고, 항우의 토벌로 전영은 최후를 맞는다. 한漢나라는 그 틈을 이용해 동쪽으로 향하게 되었는데, 전영의 이러한 일이 한나라를 위한 것은 아니었지만 한나라를 돕는 결과를 가져왔다.

전영의 동생 전횡田橫은 전영의 아들 전광田廣을 왕으로 세우고, 자신은 재상이 되어 실권을 잡았다. 하지만 한漢나라 한신韓信의 공격으로 전광은 사로잡혔다가 풀려난 후 자신이 왕이 되었으나 양梁나라로 도망가는 신세가 되었다. 그 후 한나라가 천하통일을 함으로써 결국 자살로 내몰리게 되었고, 그를 따르던 수백 명의 문객도 그 뒤를 이어 자진自盡했다. 이로써 제나라는 역사의 뒤안길로 사라지고 말았다.

사마천은 그를 매우 긍정적으로 생각하고 있었던 것 같다. 왜냐하면 열전 끝부분의 평설에서 다음과 같은 묘사로 끝을 맺고 있기 때문이다. "전횡은 절개가 높아 빈객들이 의를 사모하고 전횡을 따라 죽었으니 어찌 어짊에 이른 것이 아니겠는가. 나는 이로 인해 열전을 만들었다."

제나라를 부활시킨 전담

전담田儋은 적 땅① 사람이며 옛 제나라 왕 전씨田氏의 씨족이다. 전담의 종제從弟는 전영田榮이고 전영의 아우는 전횡田橫인데 모두 호걸이며 종족들이 강성해져② 사람들을 얻을 수 있었다.

진섭陳涉이 처음으로 일어나 초나라에서 왕이 되어 주불周市을 시켜 위魏나라의 땅을 빼앗아 안정시키고 북쪽으로 적狄 땅에 이르렀는데 적성은 굳게 지키고 있었다.

전담이 거짓으로 그의 종을 결박해 소년들을 거느리고 현의 마당에 이르러 현령을 배알하고 종을 죽이겠다고 했다.③ 적狄 현령이 나타나자 곧바로 공격해서 살해하고 호족과 관리들의 자제들을 불러서 말했다.

"제후들이 모두 진秦나라를 배반하고 스스로 섰는데, 제나라는 옛날에 세워진 나라이고 저는 전씨이니 왕이 되는 것이 당연합니다."

田儋者 狄①人也 故齊王田氏族也 儋從弟田榮 榮弟田橫 皆豪 宗彊② 能得人 陳涉之初起王楚也 使周市略定魏地 北至狄 狄城守 田儋詳爲縛其奴 從少年之廷 欲謁殺奴③ 見狄令 因擊殺令 而召豪吏子弟曰 諸侯皆反秦自立 齊 古之建國 儋 田氏 當王

① 狄적

집해 서광이 말했다. "지금의 닉안군 임제현이다."

徐廣曰 今樂安臨濟縣也

정의 치주淄州 고원현 서북쪽의 북적北狄이 옛 현성이다.

淄州高苑縣西北北狄故縣城

② 宗彊종강

색은 전담의 아들은 전불田市이고 종제는 전영田榮이다. 전영의 아들은 전광田廣이다. 전영의 아우는 전횡田橫이다. 각각 번갈아 왕이 되었다. 전영은 세 제나라를 합쳐 왕이 되었다.

儋子市 從弟榮 榮子廣 榮弟橫 各遞爲王 榮幷王三齊

③ 謁殺奴알살노

집해 복건이 말했다. "옛날에 노비를 죽이려면 모두 마땅히 관에 알렸다. 전담은 현령을 죽이고자 했다. 그러므로 거짓으로 노비를 결박해서 배알한 것이다."

服虔曰 古殺奴婢皆當告官 儋欲殺令 故詐縛奴而以謁也

마침내 스스로 서서 제나라 왕이 되었으며① 군사를 일으켜 주불을 공격했다. 주불의 군대가 돌아가자 전담은 이에 따라 군사들을 거느리고 동쪽으로 제나라 땅을 빼앗아 안정시켰다.

진秦나라 장군 장함이 위왕魏王 구咎를 임제臨濟②에서 포위해 급박하게 되었다. 위왕이 제나라에 구원을 요청하자 제왕 전담은 군사를 이끌고 위나라를 구원했다.[3] 장함은 밤에 군사들에게 재갈을 물려서 공격해 제나라와 위나라 군사를 크게 쳐부수고 전담을 임제 아래에서 살해했다.

전담의 아우 전영田榮은 전담의 나머지 병력을 수습해 동쪽의 동아東阿로 달아났다. 제나라 사람들은 왕 전담이 죽었다는 소식을 듣고 이에 지난날 제왕이던 건建의 아우 전가田假를 세워 제왕으로 삼고 전각田角을 재상으로 삼았으며 전간田間을 장군으로 삼아 제후들에게 대항했다.

遂自立爲齊王[1] 發兵以擊周市 周市軍還去 田儋因率兵東略定齊地 秦將章邯圍魏王咎於臨濟[2] 急 魏王請救於齊 齊王田儋將兵救魏[3] 章邯夜銜枚擊 大破齊魏軍 殺田儋於臨濟下 儋弟田榮收儋餘兵東走東阿 齊人聞王田儋死 迺立故齊王建之弟田假爲齊王 田角爲相 田間爲將 以距諸侯

① 立爲齊王입위제왕

집해 서광이 말했다. "이세황제 원년 9월이다."

徐廣曰 二世元年九月也

② 臨濟임제

신주 위에 《집해》 주석과 《정의》 주석은 전담의 출신지인 적현의 위치를 각각 낙안군樂安郡 임제현臨濟縣, 치주淄州 고원현高苑縣이라고 하였고, 〈위표팽월열전〉에서 《정의》 주석은 이 임제臨濟의 위치를 "옛 성이 치주

고원현 북쪽 2리에 있는데 본래 한나라 현이다.[故城在淄州高苑縣北二里 本漢縣]"
라고 하였다. 임세현과 고원현은 모두 재니리 북쪽인 지금의 산동성 치박
시淄博市 부근에 흐르는 제수濟水 지역을 말한다.

그러나 〈전담열전〉의 본문 아래에 "전영이 군사를 수습해 동쪽 동아로
달아났다."라고 하였으니, 따라서 위왕 위구가 있었던 임제는 위나라 땅
으로 동아東阿(지금의 산동성 료성시聊城市 남쪽)의 서쪽에 있다. 임제는 지금의
하남성 신향시新鄉市 봉구현封丘縣 부근을 흐르는 제수 지역을 말한다.
또한 장함의 진격로를 보면 장함은 제나라에 이르지 못했다.

③ 救魏구위

집해 서광이 말했다. "이세황제 2년 6월이다."
徐廣 二年六月

전영이 동아東阿로 달아나자 장함이 추격해서 포위했다. 항량項梁
은 전영이 포위되어 위급하다는 소식을 듣고 이에 군사를 이끌고
장함의 군대를 동아 아래에서 공격해 쳐부수었다. 장함이 달아나
서쪽으로 가자 항량이 따라서 추격했다.
전영은 제나라에서 전가를 왕으로 세운 것에 노하고 이에 군사를
이끌고 돌아가 제왕 가假를 공격해 축출했다. 전가는 도망처 초나
라로 달아났다. 제나라 재상 전각은 조나라로 도망쳤다. 전각의
아우 전간田間이 앞서서 조나라에 구원병을 청하러 갔는데, 이 일
로 인해 머물러 감히 돌아오지 못했다.

전영은 이에 전담의 아들 전불田市을 세워 제왕으로 삼고[1] 전영은 재상이 되고 전횡은 장군이 되어 제나라 땅을 평정했다.

田榮之走東阿 章邯追圍之 項梁聞田榮之急 迺引兵擊破章邯軍東阿下 章邯走而西 項梁因追之 而田榮怒齊之立假 迺引兵歸 擊逐齊王假 假亡走楚 齊相角亡走趙 角弟田間前求救趙 因留不敢歸 田榮乃立田儋子市爲齊王[1] 榮相之 田橫爲將 平齊地

[1] 爲齊王위제왕

집해 서광이 말했다. "이세황제 2년 8월이다."

徐廣曰 二年八月

항량이 이미 장함을 추격하자 장함의 군사들은 더욱 불어났는데, 항량은 사신을 보내 조나라와 제나라에 알리고 군사를 일으켜서 함께 장함을 공격하자고 했다. 전영이 말했다.

"초나라에서 전가를 죽이고 조나라에서 전각과 전간을 죽이면 이에 기꺼이 군사를 출동시키겠소."

초나라 회왕이 말했다.[1]

"전가는 동맹국의 왕으로 궁해져 우리에게 귀의했는데 죽이는 것은 불의입니다."

조나라에서도 전각과 전간을 죽이지 않겠다고 제나라에 알렸다. 제나라에서 말했다.

"살무사가 손을 물면[2] 손을 자르고 발을 물면 발을 자르는 것은 무엇 때문인가? 몸에 해롭기 때문이다. 지금 전가와 전각과 전간이 초나라와 조나라에 있는 것은 곧바로 손과 발의 근심거리가 아니겠는가.[3] 무슨 까닭으로 죽이지 않는가? 또 진나라가 다시 천하에서 뜻을 얻는다면, 권력을 휘두른 자들의 분묘를 허물어 버릴 것이오.[4]"

초나라와 조나라에서 들어주지 않자, 제나라도 노하여 끝까지 기꺼이 군사를 출동시키지 않았다. 장함은 과연 항량을 무찔러 죽이고 초나라 군사들을 크게 쳐부수었으며, 초나라 군사들은 동쪽으로 달아났다. 그러자 장함은 하수河水를 건너 거록鉅鹿에서 조나라를 포위했다. 항우가 가서 조나라를 구원했는데 이로 말미암아 전영을 원망했다.

項梁旣追章邯 章邯兵益盛 項梁使使告趙齊 發兵共擊章邯 田榮曰 使楚殺田假 趙殺田角田間 迺肯出兵 楚懷王曰[1] 田假與國之王 窮而歸我 殺之不義 趙亦不殺田角田間以市於齊 齊曰 蝮螫手[2]則斬手 螫足則斬足 何者 爲害於身也 今田假田角田間於楚趙 非直手足戚也[3] 何故不殺 且秦復得志於天下 則齮齕用事者墳墓矣[4] 楚趙不聽 齊亦怒 終不肯出兵 章邯果敗殺項梁 破楚兵 楚兵東走 而章邯渡河圍趙於鉅鹿 項羽往救趙 由此怨田榮

① 楚懷王曰초회왕왈

신주 《사기지의》에서 말한다. "〈항우본기〉에서 항량이 말했다고 한 것이 옳다. 여기서는 잘못되었다."

② 蝮螫手복석수

집해 응소가 말했다. "복蝮은 일명 훼虺이고 사람의 손이나 발을 물면 그의 살을 잘라내야 한다. 그렇지 않으면 죽는다."

應劭曰 蝮一名虺 螫人手足 則割去其肉 不然則致死

색은 蝮의 발음은 '복[芳伏反]'이다. 螫의 발음은 '확臛' 또는 '석釋'이다.

蝮音芳伏反 螫音臛 又音釋

정의 살펴보니 복蝮은 독사이며 길이는 2, 3장丈이고 영남과 영북에 있다. 훼虺의 길이는 1, 2자이고 머리와 배가 모두 한결같다. 《설문》에는 "훼虺의 너비는 3치이고 머리의 크기는 엄지손가락과 같다."라고 했다. 벽擘은 엄지손가락이다. 擘의 발음은 '벽[步歷反]'이다.

按 蝮 毒蛇 長二三丈 嶺南北有之 虺長一二尺 頭腹皆一遍 說文云 虺博三寸 首大如擘 擘 手大指也 音步歷反

③ 非直手足戚也비직수족척야

집해 문영이 말했다. "장차 자신을 망칠 것이니 수족을 걱정할 것이 아니라는 말이다." 신찬이 말했다. "초나라와 조나라는 손이나 발같이 친하지 않다."

文穎曰 言將亡身 非手足憂也 瓚曰 於楚趙非手足之親

④ 齮齕用事者墳墓矣의흘용사자분묘의

집해 여순이 말했다. "의흘齮齕은 깨물어 뜯는 것과 같다."

如淳曰 齮齕猶齰齧

색은 齮의 발음은 '의蟻'이다. 齕의 발음은 '흘齕'이다. 의흘은 이로 깨무는 것이다.

齮音蟻 齕音紇 齮齕 側齒齩也

정의 살펴보니 진秦나라가 거듭 뜻을 얻으면 몸을 욕보일 뿐만 아니라 분묘 또한 발굴할 것이며, 오자서가 초나라 평왕平王의 무덤에서 매를 친 것과 같다. 일설에는 분묘라는 것은 죽음을 말한다고 했다.

按 秦重得志 非但辱身 墳墓亦發掘矣 若子胥鞭荊平王墓 一云墳墓 言死也

항우는 조나라를 보전하고 나서 장함 등이 항복하자, 서쪽에서 함양을 도륙하여 진秦나라를 멸하고 제후왕을 세웠다. 이에 제왕 전불田市을 옮겨서 다시 교동왕膠東王으로 삼고 즉묵卽墨에 치소를 두게 했다. 제나라 장수 전도田都는 항우를 따라 함께 조나라를 구원하고 또 따라서 함곡관으로 들어갔다. 그러므로 전도를 세워 제왕齊王으로 삼고 임치臨淄에 치소를 두게 했다.

옛 제왕 건建의 손자 전안田安은 항우가 바야흐로 하수를 건너 조나라를 구원할 때, 제북濟北의 여러 성을 함락하고 군사를 이끌고 항우에게 항복했다. 이에 항우는 전안을 세워 제북왕濟北王으로 삼고 박양博陽에 치소를 두게 했다.

전영은 항량을 저버리고 기꺼이 출병해 초나라와 조나라를 도와 진나라를 공격하지 않았다. 그러므로 왕이 되지 못했다. 조나라 장수 진여陳餘도 직분을 잃고 왕이 되지 못했는데, 두 사람은 함께 항왕項王을 원망했다.

項羽旣存趙 降章邯等 西屠咸陽 滅秦而立侯王也 迺徙齊王田市更王膠東 治卽墨 齊將田都從共救趙 因入關 故立都爲齊王 治臨淄 故齊王建孫田安 項羽方渡河救趙 田安下濟北數城 引兵降項羽 項羽立田安爲濟北王 治博陽 田榮以負項梁不肯出兵助楚趙攻秦 故不得王 趙將陳餘亦失職 不得王 二人俱怨項王

기개에 죽은 전횡

항왕이 초나라로 돌아가고 나자, 제후들은 각각 자기 국가로 나아 갔다. 전영은 사람을 시켜 군사를 이끌고 진여를 도와 조나라 땅 에서 반란을 일으키게 했다. 전영도 군사를 일으켜 전도田都를 막 고 공격했으므로 전도는 도망쳐 초나라로 달아났다. 전영은 제왕 전불을 머물러 있게 하고 교동膠東으로 가지 못하게 했다. 제왕 전불의 좌우에서 말했다.

"항왕이 강포하니 왕께서는 마땅히 교동으로 가셔야 합니다. 국 가로 나아가지 않는다면 반드시 위험할 것입니다."

전불은 두려워하고 이에 도망쳐 국가로 나아갔다. 전영은 노하여 추격해서 즉묵에서 제왕 전불을 살해했다. 돌아와 제북왕 전안田 安도 공격해서 살해했다. 이에 전영이 스스로 서서 제왕齊王이 되 었고 세 제나라 땅①을 모두 병합했다.

항왕이 듣고 크게 노하여 이에 북쪽으로 제나라를 정벌했다. 제 왕 전영의 군사들은 패하고 평원平原으로 달아났는데, 평원 사람 들이 전영을 살해했다.②

項王旣歸 諸侯各就國 田榮使人將兵助陳餘 令反趙地 而榮亦發兵以
距擊田都 田都亡走楚 田榮留齊王市 無令之膠東 市之左右曰 項王彊
暴 而王當之膠東 不就國 必危 市懼 迺亡就國 田榮怒 追擊殺齊王市於
卽墨 還攻殺濟北王安 於是田榮迺自立爲齊王 盡幷三齊之地^① 項王聞
之 大怒 迺北伐齊 齊王田榮兵敗 走平原 平原人殺榮^②

① 三齊之地삼제지지

색은 전불은 교동에서 왕을 하고, 전도田都는 제에서 왕을 하고, 전안
田安은 제북에서 왕을 한 것이다.

田市王膠東 田都王齊 田安王濟北

② 平原人殺榮평원인살영

집해 서광이 말했다. "(한나라) 3년 정월이다."

徐廣曰 三年正月

정의 평원은 덕주이다.

平原 德州也

신주 서광의 말은 잘못이다. 전영이 죽은 것은 한나라 2년 1월이다.

항왕은 마침내 제나라 성곽을 불살라 없애고 지나가는 자들도 모
두 죽였다.^① 제나라 사람들이 서로 모여서 배반했다. 전영의 아
우 전횡田橫은 제나라 흩어진 군사들을 수습해 수만 명을 얻어

성양城陽^②에서 항우에게 반격했다.

그런데 한왕漢王이 제후들을 인솔하여 초나라를 무찌르고 팽성彭城으로 들어갔다. 항우는 소식을 듣고 이에 제나라를 놓아두고^③ 돌아와 팽성에서 한나라를 공격하고 계속해서 한나라와 싸우면서 형양에서 서로 대치했다.

이 때문에 전횡은 다시 제나라 성읍을 수복하고^④ 전영의 아들 전광田廣을 세워서 제왕으로 삼고 전횡은 재상이 되어 국정을 마음대로 하니, 정사의 크고 작은 것에 관계없이 모두 재상(전횡)에게서 결정되었다.

項王遂燒夷齊城郭 所過者盡屠之^① 齊人相聚畔之 榮弟橫 收齊散兵 得數萬人 反擊項羽於城陽^② 而漢王率諸侯敗楚 入彭城 項羽聞之 迺釋^③ 齊而歸 擊漢於彭城 因連與漢戰 相距滎陽 以故田橫復得收齊城邑^④ 立田榮子廣爲齊王 而橫相之 專國政 政無巨細皆斷於相

① 所過者盡屠之소과자진도지

[집해] 서광이 말했다. "옛날 왕 전가田假를 세웠다."

徐廣曰 立故王田假也

② 城陽성양

[집해] 서광이 말했다. "전가가 초나라로 달아나자 초나라에서 죽였다."

徐廣曰 假走楚 楚殺之

[정의] 성양은 복주濮州 뇌택이 이곳이다.

城陽 濮州雷澤是

성양에 대한 주석은 잘못이다. 복주 뇌택은 성양成陽이며 이곳 성양城陽과는 아주 먼 곳이다. 전횡이 대항한 성양은 제나라 동남쪽 이다.

③ 醳석

색은 이것이 어찌 또한 '석주醳酒(군사에게 술과 음식을 주는 것)의 뜻이겠는 가? 옛날의 '석釋'과 함께 쓰는 글자일 뿐이다.

此豈亦以醳酒之義 並古釋字

신주 '醳' 자는 놓아준다는 뜻이다.

④ 收齊城邑수제성읍

집해 서광이 말했다. "4월이다."

徐廣曰 四月

신주 한나라 2년 4월이다.

전횡이 제나라를 평정한 지 3년, 한왕은 역이기酈食其로 하여금 가서 제왕 전광과 그의 상국相國 전횡을 설득하여 항복하게 하라 고 했다. 전횡은 그럴듯하게 여기고 그의 역하歷下의 군대를 해산 시켰다. 한漢나라 장군 한신은 군사를 인솔하고 장차 동쪽으로 제나라를 공격하려고 했다.

제나라는 처음에 화무상華無傷과 전해田解에게 역하에 주둔하 여 한나라 군사를 차단하게 했는데, 한나라 사신이 이르자 이에 지키고 싸우려는 준비를 그만두고 잔치를 벌였으며, 또 사신을 보내 한나라와 화평하기로 했다. 한나라 장수 한신은 이미 조나라와 연나라를 평정하고 괴통의 계책을 채용해 평원平原을 건너서 제나라 역하의 군대를 습격해 쳐부수고 이로 인해 임치로 쳐들어왔다.

제왕 전광과 재상 전횡은 노하여 역생이 자신들을 팔았다고 여기고 역생을 삶아 죽였다. 제왕 전광은 동쪽 고밀高密[1]로 달아났고 재상 전횡은 박양博陽으로 달아났으며, 수상守相[2] 전광田光은 성양城陽으로 달아났고 장군 전기田旣는 교동膠東에 주둔했다.

초나라는 용저를 시켜 제나라를 구원하도록 했으며 제왕은 이들과 연합해 고밀에 주둔했다. 한나라 장수 한신은 조참曹參과 함께 용저龍且를 쳐부수어 죽이고[3] 제왕 전광을 포로로 잡았다.

橫定齊三年 漢王使酈生往說下齊王廣及其相國橫 橫以爲然 解其歷下軍 漢將韓信引兵且東擊齊 齊初使華無傷田解軍於歷下以距漢 漢使至 迺罷守戰備 縱酒 且遣使與漢平 漢將韓信已平趙燕 用蒯通計 度平原 襲破齊歷下軍 因入臨淄 齊王廣相橫怒 以酈生賣己 而亨酈生 齊王廣東走高密[1] 相橫走博(陽) 守相[2]田光走城陽 將軍田旣軍於膠東 楚使龍且救齊 齊王與合軍高密 漢將韓信與曹參破殺龍且[3] 虜齊王廣

[1] 高密고밀

집해 서광이 말했다. "고高는 다른 판본에는 '가假'로 되어 있다."
徐廣曰 高 一作假

② 守相수상

신주 임시로 관직을 맡는 '행수법行守法'이 언제부터 시작되었는지는 정확히 모른다. 한나라 무렵부터라고 하나 생각보다 오래되었을 수도 있는데, 이는 임시 직책을 가리킨다. 守는 관위가 낮은 사람이 상위직책을 수행하는 것이고, 行은 관위가 높은 사람이 하위직책을 수행하는 것이다. 또 단순히 재상 아래 직책인 부재상을 가리킬 수도 있다. 그러나 〈조상국세가〉에서는 여기와 다르게 '전광田廣의 재상 전광田光 및 수상 허장許章'이라 했다. 어느 쪽이 맞는지 알 수 없다.

③ 殺龍且살용저

집해 서광이 말했다. "(한나라) 4년 11월이다."

徐廣曰 四年十一月

한나라 장수 관영灌嬰이 추격해서 제나라 수상守相 전광을 붙잡았다. 박양에 이른 전횡은 제왕이 죽었다는 소식을 듣고 스스로 서서 제왕이 되어 돌아와 관영을 공격했는데, 관영은 전횡의 군대를 영嬴 땅① 아래에서 무찔렀다. 전횡은 도망쳐 양 땅으로 달아나 팽월彭越에게 귀의했다. 팽월은 이때 양 땅에 거주하면서 중립을 지키며 한나라를 위하기도 하다가 또 초나라를 위하기도 했다.

한신은 용저를 죽이고 나서 그 기회로 조참에게 명령해 군사를 진격시켜 전기田旣를 교동에서 쳐부수어 죽이게 하고, 관영을 시켜 제나라 장수 전흡田吸을 천승千乘②에서 쳐부수어 죽이게 했다. 한신은 마침내 제나라를 평정하고 스스로 서서 제나라 임시 왕이 되기를 요구했으며③ 한나라는 이에 따라 그를 제왕으로 세웠다.

漢將灌嬰追得齊守相田光 至博(陽) 而橫聞齊王死 自立爲齊王 還擊嬰 嬰敗橫之軍於嬴①下 田橫亡走梁 歸彭越 彭越是時居梁地 中立 且爲漢 且爲楚 韓信已殺龍且 因令曹參進兵破殺田旣於膠東 使灌嬰破殺齊將 田吸於千乘② 韓信遂平齊 乞自立爲齊假王③ 漢因而立之

① 嬴영

집해 진작이 말했다. "태산군 영현이다."

晉灼曰 泰山嬴縣也

정의 옛 영성은 연주 박성현 동북쪽 100리에 있다.

故嬴城在兗州博城縣東北百里

② 千乘천승

정의 천승 옛 성은 치주 고원현 북쪽 25리에 있다.

千乘故城在淄州高苑縣北二十五里

③ 乞爲齊假王걸위제가왕

집해 서광이 말했다. "(한나라 4년) 2월이다."

徐廣曰 二月也

1년 남짓 뒤에 한나라는 항적項籍을 멸하고 한왕이 서서 황제가 되었으며 팽월을 양왕梁王으로 삼았다. 전횡은 처단될까 봐 두려워 그 무리 500여 명과 함께 바다로 들어가 섬 안①에서 살았다.

고제高帝는 듣고 '전횡의 형제들은 본래 제나라를 안정시켰고 제나라 사람들로 현명한 자들은 대부분 그들에게 붙어 있으며, 지금 바다 가운데 있지만 수습하지 않는다면 뒤에 아마 변란이 일어날 것이다.'라고 생각하여, 이에 사신을 시켜 전횡의 죄를 사면하고 불렀다. 전횡은 이에 거절해 말했다.

"신은 폐하의 사신 역생을 삶아 죽였습니다. 지금 듣자니 그의 동생 역상酈商은 한나라 장수가 되었고 현명하다는데, 신은 두려워서 감히 조서를 받들지 못하겠습니다. 청컨대 서인庶人이 되어 바다 섬 안에 머무르게 해주십시오."

後歲餘 漢滅項籍 漢王立爲皇帝 以彭越爲梁王 田橫懼誅 而與其徒屬五百餘人入海 居島中① 高帝聞之 以爲田橫兄弟本定齊 齊人賢者多附焉 今在海中不收 後恐爲亂 迺使使赦田橫罪而召之 田橫因謝曰 臣亨陛下之使酈生 今聞其弟酈商爲漢將而賢 臣恐懼 不敢奉詔 請爲庶人守海島中

① 島中도중

집해 위소가 말했다. "바다 가운데 있는 산을 섬이라고 한다."

韋昭曰 海中山曰島

정의 살펴보니 해주 동해현에 도산이 있는데, 해안과의 거리가 80리이다.

按 海州東海縣有島山 去岸八十里

사신이 돌아와서 보고하자 고황제는 위위衛尉 역상에게 조서를 내렸다.

"제왕 전횡이 곧 이르게 될 것인데, 인마와 따르는 자를 동요시키는 자는 멸족당할 것이다."

이에 다시 사신을 보내 부절을 가지고 구체적으로 역상에게 조서를 내린 사연을 고하게 했다.

"전횡이 오면 크게는 왕으로, 작게는 후작으로 삼을 따름이다. 오지 않는다면 또 군사를 일으켜 죽음을 더할 것이다."

전횡은 이에 그의 객 2명과 함께 역마를 타고① 낙양에 이르렀다. 30리에 이르지 못하여 시향尸鄕의 역마를 두는 곳에② 이르자 전횡이 사자에게 사례하며 말했다.

"신하가 되어 천자를 뵈려면 마땅히 씻고 목욕해야 합니다."

使還報 高皇帝迺詔衛尉酈商曰 齊王田橫卽至 人馬從者敢動搖者致族夷 迺復使使持節具告以詔商狀 曰 田橫來 大者王 小者迺侯耳 不來 且舉兵加誅焉 田橫迺與其客二人乘傳①詣雒陽 未至三十里 至尸鄕廐置② 橫謝使者曰 人臣見天子當洗沐

① 乘傳승전

[집해] 여순이 말했다. "네 마리의 말이 발을 내리는 것이 승전乘傳이 된다."

如淳曰 四馬下足爲乘傳

[신주] 승전은 역참에 비치되어 있는 네 마리의 말이 끄는 수레이다.

② 尸鄕廏置시향구치

응소가 말했다. "시향은 언사현에 있다." 신찬이 말했다. "구치廏置는 말을 두는 역참이다."

應劭曰 尸鄕在偃師 瓚曰 廏置 置馬以傳驛也

가던 것을 그치고 머무르며 그의 객들에게 말했다.

"나는 처음 한왕과 함께 남면하고 고孤라고 칭했는데, 지금 한왕은 천자가 되었지만 나는 도망친 포로가 되어 북면하고 그를 섬기게 되었으니, 그 부끄러움이 진실로 너무 심하구나. 또 나는 남의 형을 삶아 죽였는데, 그의 아우와 함께 어깨를 나란히 하고 그의 군주를 섬겨야 하는데, 그가 비록 천자의 조서가 두려워 나를 감히 흔들지 못한다 하더라도 나는 유독 마음에 부끄럽지 않겠는가.

또 폐하께서 나를 만나고자 하는 까닭은 한번 나를 만나 얼굴을 보는 데 지나지 않을 뿐이다. 지금 폐하께서 낙양에 계신다니, 지금 나의 머리를 베어서 30리 사이를 달려가면 얼굴 모양이 아직 부패하지는 않을 것이니 그래도 볼만할 것이다."

止留 謂其客曰 橫始與漢王俱南面稱孤 今漢王爲天子 而橫迺爲亡虜 而北面事之 其恥固已甚矣 且吾亨人之兄 與其弟竝肩而事其主 縱彼 畏天子之詔 不敢動我 我獨不愧於心乎 且陛下所以欲見我者 不過欲 一見吾面貌耳 今陛下在洛陽 今斬吾頭 馳三十里間 形容尚未能敗 猶 可觀也

마침내 자결하여 객으로 하여금 그의 머리를 받들고[1] 사자를 따라 달려서 고제에게 아뢰게 했다. 고제가 말했다.

"아아! 이유가 있었구나. 일반인으로 일어나 형제 세 사람이 번갈아 왕을 지냈으니 어찌 현명하다고 하지 않겠는가!"

전횡을 위해 눈물을 흘리고 그의 두 객을 도위都尉에 제수했으며, 병졸 2,000명을 징발하여 왕자王者의 예로 전횡을 장사지냈다.[2] 장례를 마치고 두 객은 그의 무덤 곁에 구멍을 파고 모두 자결했으며 아랫사람들도 그들을 따랐다. 고제가 듣고 이에 크게 놀라고 전횡의 빈객들을 모두 어질다고 여겼다.

나 사마천이 듣건대, 그 나머지 500명은 아직 바다 가운데에 있었는데 사신을 시켜 불렀다고 한다. 사신이 이르러 전횡이 죽었다는 소식을 듣고 또한 모두 자살했다고 하며, 이에 전횡 형제들이 사인을 얻었다는 것을 알게 되었다고 한다.

遂自剄 令客奉[1]其頭 從使者馳奏之高帝 高帝曰 嗟乎 有以也夫 起自布衣 兄弟三人更王 豈不賢乎哉 爲之流涕 而拜其二客爲都尉 發卒二千人 以王者禮葬田橫[2] 旣葬 二客穿其冢旁孔 皆自剄 下從之 高帝聞之 迺大驚 大田橫之客皆賢 吾聞其餘尙五百人在海中 使使召之 至則聞田橫死 亦皆自殺 於是迺知田橫兄弟能得士也

① 奉봉

정의 奉의 발음은 '봉捧'이다.

奉音捧

② 以王者禮葬田橫이왕자예장전횡

정의 제나라 전횡의 무덤은 언사 서쪽 15리에 있다. 최표의《고금주》에서 말한다. "해로薤露와 호리蒿里는 죽은 사람을 보내는 슬픈 노래인데 전횡의 문인에게서 나왔다. 전횡이 자살하자 문인들이 상심하고, 사람의 생명은 달래 위의 이슬 같아 쉽게 말라 없어진다는 슬픈 노래를 지었다. 한나라 이연년李延年에 이르러 나누어서 두 곡으로 만들었는데, 해로는 왕공王公과 귀인을 송별하는 곡이고 호리는 사대부와 서인庶人을 송별하는 곡이다. (상여를) 당겨 보내며 노래하게 하는데 세속에서는 만가挽歌라고 부른다."

齊田橫墓在偃師西十五里 崔豹古今注云 薤露蒿里 送哀歌也 出田橫門人 橫自殺 門人傷之而作悲歌 言人命如薤上露 易晞滅 至李延年乃分爲二曲 薤露送王公貴人 蒿里送士大夫庶人 使挽逝者歌之 俗呼爲挽歌

태사공은 말한다.

심하다. 괴통의 계책이여! 제나라를 어지럽히고 회음후를 교만하게 만들어, 그가 마침내 이 두 사람①을 망친 것이다. 괴통은 장단점을 말하는 것②에 뛰어나 전국시대의 권모술수를 논하여 81수首를 지었다.③ 괴통은 제나라 사람 안기생安期生과 친했다. 안기생은 일찍이 항우項羽에게 간여했는데 항우는 그의 계책을 쓰지 않았다. 그러다가 항우가 이 두 사람을 봉하려고 했는데, 두 사람은 끝까지 기꺼이 받지 않고 도망쳐 떠났다. 전횡은 절개가 높아 빈객들이 의를 사모하고 전횡을 따라 죽었으니 어찌 어짊에 이른 것이 아니겠는가. 나는 이로 인해 열전을 만들었다. 그림을 잘 그리는 자는 없지 않은데, 그리지 못한 것은 무엇 때문인가?④

太史公曰 甚矣蒯通之謀 亂齊驕淮陰 其卒亡此兩人① 蒯通者 善爲長短說② 論戰國之權變 爲八十一首③ 通善齊人安期生 安期生嘗干項羽 項羽不能用其筴 已而項羽欲封此兩人 兩人終不肯受 亡去 田橫之高節 賓客慕義而從橫死 豈非至賢 余因而列焉 不無善畫者 莫能圖 何哉④

① 兩人양인

집해 한신과 전횡이다.

韓信 田橫

② 長短說장단설

색은 이 일을 좋게 말하고자 하면 좋게 설명한다. 이 일을 나쁘게 말하고자 하면 나쁘게 설명한다. 그러므로 《전국책》을 또한 '장단서長短書'라고 이름붙인 것이 이것이다.

言欲令此事長 則長說之 欲令此事短 則短說之 故戰國策亦名曰短長書 是也

③ 爲八十一首위팔십일수

집해 《한서》에서 말한다. "호칭이 《전영》이다." 영永은 다른 판본에는 '구求'로 되어 있다.

漢書曰 號爲雋永 永 一作求

색은 《전영》은 책 이름이다. 雋의 발음은 '선[松兗反]'이다.

雋永 書名也 雋音松兗反

《사기지의》에 따르면, 《한서》〈예문지〉에 《전영》은 없고 《괴자
削子》 5편이 있다고 한다.

④ 莫能圖 何哉막능도 하재

색은 천하에 그림을 잘 그리는 사람은 없지 않은데 전횡과 그 무리들
이 의를 사모하여 절개에 죽는 일을 그릴 줄 모르는 것은 무슨 까닭이냐
는 말이다. 그리는 사람이 그릴 줄 모른 것을 탄식한 것이다.
言天下非無善畫之人 而不知圖畫田橫及其黨慕義死節之事 何故哉 歎畫人不
知畫此也

색은술찬 사마정이 펼쳐서 밝히다.

진나라와 항우 사이에 천하는 전쟁이 엇갈렸다. 육국은 무리를 세워 스
스로 영웅호걸을 두었다. 전담이 침략자에게 죽자 전불을 세우고 전영은
재상이 되었다. 초나라는 제왕 전가를 봉했고 제나라는 역생 때문에 부
서졌다. 형제는 번갈아 왕이 되었고 해도에서 명성을 전했다.
秦項之際 天下交兵 六國樹黨 自置豪英 田儋殞寇 立市相榮 楚封王假 齊破酈
生 兄弟更王 海島傳聲

사기 제95권 史記卷九十五

번역등관열전 樊酈滕灌列傳

사기 제95권 번역등관열전 제35

史記卷九十五 樊酈滕灌列傳第三十五

신주 본 열전은 한漢나라 고조高祖를 도와 전장을 누비며 전공을 세운 번쾌樊噲, 역상酈商, 등공滕公(하후영夏侯嬰), 관영灌嬰의 일대기를 기록한 것이다. 네 사람은 모두 평민 출신으로 번쾌는 개 도축업자, 관영은 비단을 파는 행상인, 하후영은 옛 패현 관저의 마차꾼이었다. 이들은 미천한 출신이었지만 무장이 된 이후에는 남북을 오르내리며 유방劉邦을 충실히 따랐다. 열전에는 이들의 전투와 전공이 열거되어 있는데, 이들의 면면에는 신분, 직업, 재능, 병과 등 서로 '같으면서도 다른 점[同中異]'이 있고, '다르면서도 같은 점[異中同]'이 있어 이를 비교해 보면 흥미를 더해 준다.

예컨대 네 사람 모두 대장이라는 점은 같지만, 병과는 서로 다르다. 번쾌는 보병을 거느리고 성城을 공격하거나 야전에서 전투하는데 능했다. 하후영은 전차부대를 이끌고 남정북전南征北戰을 치렀는데, 천 리를 휩쓸며 거침없이 나아가 활약을 펼치고 있다. 유방이 신속하게 관문을 통과해 함양에 들어갈 수 있었던 데에는 하후영의 공이 있었다. 관영은 당시 최연소 대장 중 한 명으로 초楚나라와 한漢나라가 맞붙는 고비에서 기병 장성에 임명된다. 이에 해하垓下에서 기병을 이끌고 황급히 달아난 항우를 추격하여 동성東城에서 완전히 처부수고, 부하 5명이 함께 항우의 목을 베어버린다. 이러한 까닭으로 유방에게 큰 위협이었던 적들이 완전히 소멸되었던 것이다.

또 네 사람 모두 유방에게 열성을 보인 점은 같지만, 유방과의 관계는 서로 달랐다. 상대적으로 번쾌와 하후영은 유방과의 관계가 좋았다. 그들은 유방이 잘못을 저질렀을 때 거침없이 간언함은 물론 유방의 미약한 부분을 보완하는 역할을 하고 있다. 이를테면 유방이 팽성에서 패하자 자신의 목숨을 건지기 위해 두 자식을 버려야 한다고 했을 때, 하후영은 제때 그들을 수레에 태워 죽음을 면하게 했고, 경포가 반란을 일으켰을 때 유방은 와병 중이었지만 번쾌가 입궐해서 간언함으로써 유방을 다시 일으켜 반란을 평정하게 했다. 게다가 번쾌는 완력뿐만 아니라 변설로도 뛰어난 재능을 지니고 있었다. 홍문회鴻門會에서 항우와 말을 주고받았던 데서 이를 엿볼 수 있다. 그들의 성공은 모두 고조와 만났기 때문이다. 고조는 성격이 거칠고 겸손하지 못한 면이 있지만 이들을 이끄는 데는 훌륭한 자질을 지니고 있었기 때문이다.

사마천은 이 열전의 주인공들에 대해 "내가 풍豐과 패沛에 가서 그곳 늙은이들에게 물어보고 옛 소하와 조참, 번쾌, 등공의 집, 그리고 평소의 생활을 살폈더니 들은 것이 기이했다. 바야흐로 그들이 칼을 휘둘러 개를 잡고 비단을 팔 때, 어찌 스스로 천리마의 꼬리에 붙어 한漢나라의 조정에 이름을 드리우고 덕이 자손들에게까지 미칠 줄 알았겠는가?"라고 평가하였다. 즉 그들이 고조를 만나 함께 공을 세워 영달했음을 피력한 것이다.

또 사마천의 평가에 '스스로 천리마의 꼬리가 붙어'라는 구절은 "파리는 혼자 먼 길을 갈 수 없지만, 천리마의 꼬리에 붙으면 천 리도 갈 수 있다.[창승부기미치천리蒼蠅附驥尾致千里]"는 유명한 구절을 인용한 것인데, 평민이 현자를 만나면 공을 이룬다는 뜻이다. 이 유명한 구절이 이 열전에서 인물들의 삶을 함축적으로 표현했다고 볼 수 있다.

유방의 호위대장 번쾌

무양후① 번쾌②는 패현③ 사람이다. 당시에 개를 도살하는 일을 하면서④ 고조와 함께 숨어 살기도 했다. 처음에 고조를 따라 풍 땅에서 일어났으며 패를 공격해 함락했다.

고조는 패공沛公이 되자 번쾌를 사인舍人으로 삼았다. 고조를 따라서 호릉과 방여⑤를 공격했으며, 사수감泗水監을 풍 아래에서 공격해서⑥ 쳐부수었다.

舞陽侯①樊噲②者 沛③人也 以屠狗爲事④ 與高祖俱隱 初從高祖起豐 攻下沛 高祖爲沛公 以噲爲舍人 從攻胡陵方與⑤ 還守豐 擊泗水監豐下⑥ 破之

① 舞陽侯무양후

정의 무양은 허주 섭현 동쪽 10리에 있다.

舞陽在許州葉縣東十里

② 樊噲번쾌

정의 噲의 발음은 '쾌快' 또는 '괴[吉外反]'이다.

音快 又吉外反

③ 沛패

정의 패沛는 서주현이다.

沛 徐州縣

④ 屠狗爲事도구위사

정의 당시 사람들은 개를 잡아먹는 것 또한 양과 돼지와 동일하게 했다. 그러므로 번쾌는 전문적으로 도살해서 판매한 것이다.

時人食狗亦與羊豕同 故噲專屠以賣之

⑤ 方與방여

정의 方與의 발음은 '방예房預'이다.

房預二音

⑥ 擊泗水監豐下격사수감풍하

색은 살펴보니 감監은 진秦나라 때 어사감군御史監郡이다. 풍하는 풍현의 아래이다.

案 監者 秦時御史監郡也 豐下 豐縣之下也

정의 사수는 군 이름이다.

泗水 郡名

다시 동쪽으로 패를 평정하고 사수군수를 설薛 땅 서쪽에서 쳐부수었다.① 사마司馬 니巨②와 탕碭③ 동쪽에서 싸워 적을 물리쳐

15급級을 참수했으며 국대부國大夫의 작위④를 하사받았다.

항상 패공을 따랐으며, 패공이 복양에서 장함의 군대를 공격하자 성을 공격해 제일 먼저 올라 23급을 참수하고 열대부列大夫 작위⑤를 하사받았다.

復東定沛 破泗水守薛西① 與司馬凥②戰碭③東 卻敵 斬首十五級 賜爵國大夫④ 常從 沛公擊章邯軍濮陽 攻城先登 斬首二十三級 賜爵列大夫⑤

① 守薛西수설서

색은 설현 서쪽에서 그 군수를 쳐부순 것을 이른다.

謂破其守於薛縣之西也

② 司馬凥사마니

집해 장안이 말했다. "진나라 사마이다."

張晏曰 秦司馬

정의 진나라 장수 장함의 사마 니凥이다.

秦將章邯司馬凥

③ 碭탕

정의 탕碭은 송주의 현이다.

碭 宋州縣也

④ 爵國大夫작국대부

집해 문영이 말했다. "곧 관대부官大夫이다."

文穎曰 卽官大夫也

정의 작위의 제6급이다.

爵第六級也

⑤ 爵列大夫작열대부

집해 문영이 말했다. "곧 공대부이고 작위 제7급이다."

文穎曰 卽公大夫 爵第七

신주 진秦나라와 한나라 때에 벼슬을 20등작으로 구분하여 녹봉을 달리했는데, 등작은 숫자가 높을수록 지위가 높았고 녹봉이 많았다. 즉 20등작이 가장 높은 벼슬이다. 7대부 정식명칭은 공대부公大夫이다.

다시 항상 수행하고 성양城陽을 공격하는 것을 따라서① 제일 먼저 올랐다. 호유戶牖②를 함락하고 이유李由의 군대를 쳐부수어 16급을 참수해서 상간작上間爵을 하사받았다.③

고조를 따라서 공격해 동군수東郡守와 도위를 성무成武④에서 포위해 적을 물리치고 14급을 참수하고 포로 11명을 잡아서 오대부 작위를 받았다.

復常從 從攻城陽① 先登 下戶牖② 破李由軍 斬首十六級 賜上間爵③

從攻圍東郡守尉於成武④ 卻敵 斬首十四級 捕虜十一人 賜爵五大夫

---

① 從攻城陽종공성양

정의 │ 서광이 말했다. "〈진초지제월표〉에는 2년 7월 진나라 군사를 복양 동쪽에서 쳐부수고 성양을 도륙했다고 한다."

徐廣曰 年表二年七月 破秦軍濮陽東 屠城陽也

정의 │ 살펴보니 성양城陽은 복양에 가깝고《한서》에는 '양성陽城'으로 되어 있으니 크게 착오한 것이다.

按 城陽近濮陽 而漢書作陽城 大錯誤

신주 │ 여기 〈번쾌열전〉과 〈진초지제월표〉와《한서》및 위에 주석들 모두 지명을 잘못 기록했다. 당시 유방은 항우와 함께 동아東阿에서 장함에게 포위된 제나라를 구원하기 위해 그곳으로 달려가다가 복양과 성양成陽에서 진나라 군사를 물리쳤다. 성양城陽은 앞서 〈전담열전〉에 나온 대로, 제나라 산동반도 남쪽 지역이다.

② 戶牖호유

정의 │ 호유戶牖는 변주 동쪽의 진류현 동북쪽 91리의 동혼東昏의 고성이 이곳이다.

戶牖 汴州東陳留縣東北九十一里東昏故城是

신주 │ 〈진승상세가〉에 나온 대로, 승상 진평陳平이 이곳 출신이다. 호유戶牖는 진나라 때 탕군碭郡에, 한나라 때 진류군陳留郡에 속하였고, 진류군 속현인 동혼현東昏縣이다. 지금의 하남성 개봉시開封市 란고현蘭考縣 북쪽 부근을 말한다.

③ 上間爵상간작

정의 │ 맹강이 말했다. "20등작에는 있지 않고 집규執圭나 집백執帛과 같이 비교된다." 여순이 말했다. "간間은 간혹 '문聞'이라 했다.《여씨춘추》

에서 '위문후가 동쪽 제나라를 장성長城에서 이기자 천자는 문후에게 상간작上間爵으로써 상을 주었다.'라고 했다."

孟康曰 不在二十爵中 如執圭執帛比也 如淳曰 間 或作聞 呂氏春秋曰 魏文侯 東勝齊於長城 天子賞文侯以上間爵

색은 상간작을 하사받은 것이다. 장안이 말했다. "임금에게 알려지는 길을 얻은 것이다." 진작이 말했다. "명성이 천자에게 통한 것이다." 여순은 "어떤 곳에는 상문上聞으로 되어있다."고 말했고 또 《여씨춘추》를 인용하여 마땅히 '상간上間'이라고 증명했다. 間의 발음은 '중간中間'의 '간間'이다.

賜上聞爵 張晏云 得徑上聞 晉灼曰 名通於天子也 如淳曰 或作上聞 又引呂氏 春秋 當證上間 間音中間之間

④ 成武성무

정의 조주의 현이다.

曹州縣

고조를 따라 진나라 군사를 공격해 박호[①] 남쪽으로 하간수의 군대[②]를 강리杠里[③]에서 격파했다. 조비趙賁가 개봉開封[④] 북쪽에 주둔시킨 군사를 격파하고 적을 물리쳐 제일 먼저 성에 올랐으며, 척후병 1명과 68급을 참수하고 포로 27명을 얻어 경卿 작위를 하사받았다. 고조를 따라 양웅楊熊의 군대를 곡우曲遇[⑤]에서 공격해 쳐부수었다. 완릉宛陵[⑥]을 공격해서 제일 먼저 성에 올라 8급을 참수하고 포로 44명을 잡았으며, 현성군賢成君이라는 작위를 받았다.[⑦]

> 從擊秦軍 出亳①南 河間守軍②於杠里③ 破之 擊破趙賁軍開封④北 以卻
>
> 敵先登 斬候一人 首六十八級 捕虜二十七人 賜爵卿 從攻破楊熊軍於
>
> 曲遇⑤ 攻宛陵⑥ 先登 斬首八級 捕虜四十四人 賜爵封號賢成君⑦

① 亳박

[색은] 살펴보니 박亳은 탕왕이 도읍한 곳이다. 지금 하남군 언사偃師에
탕박湯亳이 있는데, 이곳이다.

案 亳 湯所都 今河南偃師有湯亳是也

[정의] 박亳의 옛 성은 송주 곡숙현 서남쪽 40리에 있다.

亳故城在宋州穀熟縣西南四十里

[신주] 박이란 지명도 여럿이지만, 이때 유방의 활동 영역으로 보면 여기
서는 하남군 일대가 맞을 것이다.

② 河間守軍하간수군

[신주] 하간군은 하수 북쪽에 있고, 전한 때 설치하였다. 당시 유방군은
산동 지역에서 일어나 진나라 수도 함양을 향해 서쪽으로 진군하는데
북쪽에 있는 하간군으로 가면 진군로가 다르므로 하간은 지명이 아님을
알 수 있다. 따라서 여기 하간수는 인명이거나 '하수 사이의 수비 군대'
라고 해야 한다. 가령 '삼천수군三川守軍'이라 기록했다면 말이 된다.

③ 杠里강리

[정의] 지명이고 성양城陽에 가깝다.

地名 近城陽

④ 開封개봉

정의 변주의 현이다.

汴州縣

신주 전국시대 위魏나라 수도 대량大梁이다.

⑤ 曲遇곡우

색은 遇의 발음은 '우饇'와 '옹顒'이고, 읍 이름이다.

音饇顒二音 邑名也

정의 曲의 발음은 '구[丘雨反]'이고 遇의 발음은 '옹[牛恭反]'이다. 정주 중
모현에 곡우취가 있다.

曲 丘雨反 遇 牛恭反 鄭州中牟縣有曲遇聚

⑥ 宛陵완릉

색은 〈지리지〉에는 하남군에 속한다.

地理志屬河南

정의 완릉 옛 성은 정주 신정현 동북쪽 38리에 있다.

宛陵故城在鄭州新鄭縣東北三十八里

⑦ 賜爵封號賢成君사작봉호현성군

집해 서광이 말했다. "당시에 작위를 하사한 것이 집백執帛과 집규執圭
가 있고 또 봉작을 하사하고 아름다운 이름을 더해서 호칭하게 한 것이
다. 또 공로가 있어 열후에 봉하는 것을 내린 것이다." 살펴보니 장안이

말했다. "식록食祿은 봉군封君에 견주지만 식읍이 없는 것이다." 신찬이
말했다. "진나라 제도에 열후는 곧 봉작이 있다."

徐廣曰 時賜爵有執帛執圭 又有賜爵封而加美名以爲號也 又有功 則賜封列侯
駰案 張晏曰 食祿比封君而無邑 瓚曰 秦制 列侯乃有封爵也

<u>색은</u> 장안이 말했다. "식록은 봉군에 견주지만 식읍이 없는 것이다."
서광이 말했다. "작위를 하사한 것이 집규와 집백이 있고 또 봉작을 할
때 아름다운 호칭을 더한 것이다." 또 안사고가 말했다. "초한楚漢의 사
이에 권세를 베풀고 영화로운 것을 총애하여 그의 위호位號를 빌려서 어
떤 이는 읍의 땅을 얻게 하고 어떤 이는 빈 작위만을 받게 했는데 이러한
관례가 많았다. 진나라 제도를 요약해 보면 뜻에 통하지 않는다."

張晏曰 食祿比封君而無邑 徐廣曰 賜爵有執圭執帛 又有爵封而加美號 又小顏云
楚漢之際 權設寵榮 假其位號 或得邑地 或空受爵 此例多矣 約以秦制 於義不通

고조를 따라 장사長社와 환원轘轅[①]을 공격했고 하수의 나루터[②]
를 끊었으며 동쪽으로 진나라 군사를 시尸 땅[③]에서 공격하고 남
쪽으로 진나라 군사를 주犨[④]에서 공격했다. 남양군수 의齮를 양
성陽城에서 쳐부수었다.

동쪽으로 완성宛城을 공격해 제일 먼저 성에 올랐다. 서쪽으로 역酈[⑤]
에 이르러서 적을 물리치고 24급을 참수하고 포로 40명을 잡아 거듭
봉함[⑥]을 받았다.

무관武關을 공격하고 패상霸上에 이르러 도위都尉 1명과 10급을
참수하였으며 포로 146명을 잡고 항복한 졸병 2,900명을 거두었다.

從攻長社轘轅^① 絕河津^② 東攻秦軍於尸^③ 南攻秦軍於犨^④ 破南陽守
齮於陽城 東攻宛城 先登 西至酈^⑤ 以卻敵 斬首二十四級 捕虜四十
人 賜重封^⑥ 攻武關 至霸上 斬都尉一人 首十級 捕虜百四十六人 降卒
二千九百人

① 長社轘轅장사환원

[정의] 장사는 허주의 치소가 있는 현이다. 환원관은 구지현 동남쪽 30
리에 있다.

許州理縣也 轘轅關在緱氏縣東南三十里

② 河津하진

[정의] 옛 평음진은 하남부 동북쪽 50리에 있다.

古平陰津在河南府東北五十里也

[신주] 유방이 항우의 군대를 넘어오지 못하게 하려고 간교하게 하수의
나루를 끊은 것이다.

③ 尸시

[정의] 언사偃師의 남쪽에 있다.

在偃師南

④ 犨주

[정의] 여주 노산현 동남쪽에 있다.

在汝州魯山縣東南

⑤ 酈역

정의 酈의 발음은 '척擲'이다. 등주 신성현 서북쪽 40리에 있다.

酈音擲 在鄧州新城縣西北四十里

⑥ 重封중봉

집해 장안이 말했다. "녹봉을 더하는 것이다." 여순이 말했다. "바른 작위 명칭이다." 신찬이 말했다. "봉호를 늘린 것이다."

張晏曰 益祿也 如淳曰 正爵名也 瓚曰 增封也

색은 장안이 말했다. "녹봉을 더하는 것이다." 신찬은 봉호를 늘린 것으로 여겼는데 뜻이 또한 옳은 데 가깝다. 여순이 바른 작위 명칭이라고 한 것은 그르다. 안사고는 봉호를 늘린 것으로 여겨서 2개의 호칭을 겸했다고 했는데, 아마 뜻을 얻은 듯하다.

張晏云 益祿也 臣瓚以爲增封 義亦近是 而如淳曰正爵名 非也 小顏以爲重封者 兼二號 蓋爲得也

항우가 희수 아래에 있을 때 패공을 공격하고자 했다. 패공은 100여 명의 기병을 따르게 하고 항백項伯을 통해 항우를 면대해 만나 관문을 막은 일이 없다고 사죄하였다.

항우는 이미 군사들에게 향응을 열고 주흥이 무르익어 가는데[①] 아보亞父(범증)은 패공을 죽이고자 꾀해 항장項莊을 시켜 칼을 뽑아 앉아 있는 가운데서 춤을 추다 패공을 공격하게 했다. 이때 항백이 항상 어깨로 막아 가렸다.

이때는 패공과 장량만이 들어와 앉아 있었다. 번쾌는 군영 밖에 있었는데 사태가 급박하다는 소식을 듣고 이에 쇠방패를 가지고 들어가 군영에 이르렀다. 군영에서 보초병이 번쾌를 제지했는데 번쾌는 곧장 돌진해[2] 들어가 장막 아래에 섰다.[3] 항우가 눈짓으로 누구냐고 물었다. 장량이 말했다.

"패공의 참승參乘 번쾌입니다."

項羽在戲下 欲攻沛公 沛公從百餘騎因項伯面見項羽 謝無有閉關事 項羽旣饗軍士 中酒[1] 亞父謀欲殺沛公 令項莊拔劍舞坐中 欲擊沛公 項伯常(肩)〔屏〕蔽之 時獨沛公與張良得入坐 樊噲在營外 聞事急 乃持鐵 盾入到營 營衞止噲 噲直撞[2]入 立帳下[3] 項羽目之 問爲誰 張良曰 沛公 參乘樊噲

① 中酒중주

집해 장안이 말했다. "주흥이 무르익는 것이다."

張晏曰 酒酣也

② 撞당

집해 《한서음의》에서 말한다. "撞의 발음은 '당撞'과 '종鍾'이다."

漢書音義曰 撞音撞鍾

정의 撞의 발음은 '장[直江反]'이다.

撞 直江反

③ 立帳下입장하

서광이 말했다. "어떤 판본에는 '장막 아래에 서서 눈을 부릅뜨고 보니 눈초리에 모두 실핏줄이 나왔다.'고 되어 있다."

徐廣曰 一本作立帷下 瞋目而視 眥皆血出

항우가 말했다.

"장사로다."

한잔 술과 돼지고기 어깻죽지를 주었다. 번쾌는 술을 마시고 나서 검을 뽑아 고기를 저며서 먹어 치웠다. 항우가 말했다.

"또 마시겠는가?"

번쾌가 말했다.

"신은 죽음조차 사양하지 않는데 어찌 딱히 술 한 잔이겠습니까. 또 패공께서는 먼저 들어와 함양을 평정하고 군사들을 패상에 세워 둔 채 대왕[1]을 기다리고 있었습니다. 대왕께서 오늘에 이르러 소인들의 말을 들으시고 패공과 틈이 생겼다고 합니다. 천하가 흩어진다면[2] 신은 아마 대왕을 의심할 듯합니다."

項羽曰 壯士 賜之巵酒彘肩 噲旣飮酒 拔劍切肉食 盡之 項羽曰 能復飮乎 噲曰 臣死且不辭 豈特巵酒乎 且沛公先入定咸陽 暴師霸上 以待大王[1] 大王今日至 聽小人之言 與沛公有隙 臣恐天下解[2] 心疑大王也

---

① 大王대왕

당시에 항우는 왕이 되지 않았는데 역사에서 뒤따라서 쓴 것이다.

時羽未爲王 史追書

② 天下解천하해

정의 解의 발음은 '개[紀買反]'이다. 이곳에 이르러 절구絕句가 된다.
紀買反 至此爲絕句

항우는 말이 없었다. 패공은 측간을 간다고 하고 번쾌를 불러서
떠났다. 떠나고 나서 패공은 수레와 기병들은 머물러 있게 한 뒤
홀로 말 하나를 타고 번쾌 등 4명은 함께 걸어서 따랐으며, 산 아
래 한가한 길을 따라 패상의 군대로 달려 돌아왔고 장량을 시켜
항우에게 사죄하게 했다.

항우는 또한 이를 계기로 마침내 그만두고 패공을 처단하고자 하
는 마음이 없어졌다. 이날 번쾌가 군영으로 달려 들어가 항우를
나무라지① 않았다면 패공의 사업은 거의② 위태로울 뻔했다.

다음날③ 항우는 함양으로 들어가 도륙하고 패공을 세워 한왕漢
王으로 삼았다. 한왕은 번쾌에게 작위를 하사해서 열후로 삼고 임
무후臨武侯④라고 호칭했다. 승진하여 낭중郎中이 되었고 패공을
따라 한중漢中으로 들어갔다.

項羽默然 沛公如廁 麾樊噲去 旣出 沛公留車騎 獨騎一馬 與樊噲等四
人步從 從閑道山下歸走霸上軍 而使張良謝項羽 項羽亦因遂已 無誅
沛公之心矣 是日微樊噲犇入營譙①讓項羽 沛公事幾②殆 明日③ 項羽
入屠咸陽 立沛公爲漢王 漢王賜噲爵爲列侯 號臨武侯④ 遷爲郞中 從
入漢中

---

① 譙초

[색은] 譙의 발음은 '초誚'이고 나무라는 것이다. 혹은 譙의 발음은 '조[才笑反]'라고 하고 어떤 판본은 또한 '초誚'로 되어 있다.

譙音誚 責也 或才笑反 或亦作誚

② 幾기

[정의] 幾의 발음은 '기祈'이다.

幾音祈

③ 明日명일

[신주] 《사기지의》에서 "〈항우본기〉에서 '며칠 만에'라고 했으며, 《한서》의 〈항우전〉 및 〈번쾌전〉과 부합한다."라고 했다. 여기서는 '명일明日'(이튿날)로 하였으나 '며칠 만에'라는 뜻으로 보아야 할 것이다.

④ 臨武侯임무후

[정의] 계양군 임무현이다.

桂陽臨武縣

[신주] 당시 중국사의 영역인지조차 불분명한 호남성 남부 지역에 있던 계양군일 리 만무하다. 그저 무武에 다다랐다는 좋은 뜻의 호칭이다.

돌아와 삼진三秦을 평정하고 따로 서현西縣의 현승縣丞을 백수白水①의 북쪽에서 공격했으며 옹국雍國②의 날랜 전차와 기병들을 옹 남쪽에서 쳐부수었다. 한왕을 따라서 옹雍과 태성斄城^③을 공격해 제일 먼저 성에 올랐다. 장함의 아들인 장평章平의 군사들을 호치好畤^④에서 공격하고 성을 공격해 제일 먼저 성에 올라 함락하였으며, 현령과 현승 각 1명과 11급을 참수하고 20여 명을 포로로 잡아 낭중기장郎中騎將으로 승진했다.

한왕을 따라 진나라 전차와 기마부대를 양壤^⑤ 동쪽에서 공격해 적들을 물리치고 승진하여 장군이 되었다. 조비趙賁를 공격해서 미郿^⑥와 괴리槐里와 유중柳中^⑦과 함양咸陽을 함락했다. 폐구廢丘에서 수공水攻하는 데 공로가 가장 컸다.^⑧

還定三秦 別擊西丞白水^①北 雍^②輕車騎於雍南 破之 從攻雍斄城^③ 先登擊章平軍好畤^④ 攻城 先登陷陣 斬縣令丞各一人 首十一級 虜二十人 遷郎中騎將 從擊秦車騎壤^⑤東 卻敵 遷爲將軍 攻趙賁 下郿^⑥槐里柳中^⑦咸陽 灌廢丘 最^⑧

① 西丞白水서승백수

[집해] 서광이 말했다. "농서군에 서현西縣이 있다. 백수白水는 무도군에 있다." 살펴보니 여순이 말했다. "모두 지명이다." 진작이 말했다. "백수는 지금의 광평군 위현魏縣이다. 〈지리지〉에는 '서승西丞'이 없으니 진나라 장수 이름인 듯하다."

徐廣曰 隴西有西縣 白水在武都 駰案 如淳曰 皆地名也 晉灼曰 白水 今廣平魏縣也 地理志無西丞 似秦將名

[색은] 살펴보니 서西는 농서군 서현西縣이다. 백수白水는 물 이름이고 무도군에서 나와 서현을 거쳐 동남쪽으로 흐른다. 번쾌가 서현의 승丞을

공격한 것은 백수의 북쪽에 있었기 때문이라는 말이며 서광 등이 설명한 것은 모두 그르다.

案 西謂隴西之西縣 白水 水名 出武都 經西縣東南流 言噲擊西縣之丞在白水之北耳 徐廣等說皆非也

[정의] 《괄지지》에서 말한다. "백마수白馬水는 근원이 문주文州 곡수현曲水縣 서남쪽에서 나와 모여서 손산孫山 아래로 지나간다."

括地志云 白馬水源出文州曲水縣西南 會經孫山下

② 雍옹

[정의] 위에 雍의 발음은 '옹[於拱反]'이다.

上雍於拱反

③ 鮐태

[집해] 鮐의 발음은 '태胎'이다.

音胎

④ 好時호치

[색은] 살펴보니 옹雍은 곧 부풍군 옹현이다. 鮐의 발음은 '태台'이고 곧 후직后稷을 봉한 곳이다. 지금의 무공武功이며 옛날 태성鮐城이 이곳이다. 장평章平은 곧 장함의 아들이다.

案 雍卽扶風雍縣 鮐音台 卽后稷所封 今之武功故鮐城是 章平卽章邯子也

⑤ 壤양

[색은] 안사고는 또한 지명이라고 했다.

小顔亦以爲地名

정의 양향壤鄕은 무공현 동남쪽 20리에 있다.

壤鄕在武功縣東南二十里

⑥ 郿미

정의 기주의 현이다.

岐州縣

⑦ 柳中유중

색은 살펴보니 유중은 곧 세류細柳이고 장안의 서쪽에 있다.

按 柳中卽細柳 地在長安西也

⑧ 灌廢丘 最관폐구 최

집해 이기가 말했다. "물을 폐구廢丘에 들이부은 것이다." 장안이 말했다. "최最는 공로가 제일이라는 것이다." 진작이 말했다. "경보京輔에서 화음 華陰을 다스려 북쪽에 물을 댄 것이다."

李奇曰 以水灌廢丘也 張晏曰 最 功第一也 晉灼曰 京輔治華陰 灌北也

색은 관灌은 물을 폐구에 들이부은 것을 말하며 성을 함락하여 그의 공로가 최상이었다. 이기가 "폐구는 곧 괴리槐里이다. 위에 괴리가 있는 데 여기서 또 말했으니 아마 이것은 소괴리小槐里가 옳다."라고 했는데, 그르다. 살펴보니 문장에서 "조비를 공격해서 미, 괴리, 유중, 함양을 함락했다."라고 이른 것은 모두 공격해서 함락한 읍을 말한다. 별도로 물을 폐구에 들이부었다고 한 것은 그의 공로가 특별히 최고라는 말이다. 왜냐하면 처음에는 괴리라고 하여 그 새로운 이름을 일컫고 뒤에는 공로가 최고임을 말했으니, 이것은 거듭 추켜올려 다시 그 문장을 나타내고자 한 것이 아니다. 그러므로 옛 지명을 따라서 폐구라고 일컬은 것이다.

灌謂以水灌廢丘 城陷 其功最上也 李奇曰 廢丘卽槐里也 上有槐里 此又言者 疑此是小槐里 非也 按 文云 攻趙賁 下郿槐里柳中咸陽 總言所攻陷之邑 別言 以水灌廢丘 其功特最也 何者 初云槐里 稱其新名 後言功最 是重舉 不欲再見 其文 故因舊稱廢丘也

역양欒陽[1]에 이르러 식읍으로 두杜의 번향樊鄉[2]을 하사받았다.
다시 한왕을 따라 항적項籍을 공격하고 자조煮棗[3]를 도륙했다.
왕무王武와 정처程處의 군대를 외황外黃에서 공격해 쳐부수었다.
추鄒와 노魯와 하구瑕丘와 설薛을 공격했다.[4]

至欒陽[1] 賜食邑杜之樊鄉[2] 從攻項籍 屠煮棗[3] 擊破王武程處軍於外黃
攻鄒魯瑕丘薛[4]

---

① 欒陽역양

정의 옹주의 현이다.

雍州縣

② 樊鄉번향

색은 살펴보니 두릉杜陵에 번향이 있다. 《삼진기》에서 말한다. "장안의 정남 산 이름은 진령秦嶺이고 계곡 이름은 자오子午이며 일명 번천樊川 이라고 하고 일명 어숙御宿이라고 한다." 번향은 곧 번천樊川이다.

案 杜陵有樊鄕 三秦記曰 長安正南 山名秦嶺 谷名子午 一名樊川 一名御宿 樊
鄕卽樊川也

③ 煮棗자조

색은 〈지리지〉를 조사해 보니 '자조煮棗'는 없다. 진작의 설명이 옳다.
《한서》〈공신표〉에는 자조후가 있고 청하군에 자조성이 있다고 하였다.
안사고는 주장했다. "항적을 공격하고 자조를 도륙한 것이 합하여 하남
에 있으니 청하군의 성이 아닌 것이 명백하다." 지금 《속한서》〈군국지〉
를 살펴보니 제음군 완구현에 있다.

檢地理志無 煮棗 晉說是 功臣表有煮棗侯 云淸河有煮棗城 小顔以爲 攻項籍
屠煮棗 合在河南 非淸河之城明矣 今案續漢書郡國志 在濟陰宛朐也

정의 살펴보니 그때 항우는 하수 북쪽으로 건너지 않았으니 기주 신도
현 동북쪽 50리의 자조라 함은 그릇되었다.

案 其時項羽未渡河北 冀州信都縣東北五十里煮棗非矣

④ 攻鄒魯瑕丘薛공추노하구설

정의 추鄒는 연주의 현이며, 연주 동남쪽 62리에 있다. 노魯는 연주 곡
부현이다. 하구瑕丘는 연주의 현이다. 설薛은 서주의 등현 영역에 있다.

鄒 兗州縣 在州東南六十二里 魯 兗州曲阜縣 瑕丘 兗州縣 薛在徐州滕縣界

항우가 한왕을 팽성에서 무너뜨렸을 때, 노魯와 양梁 땅을 다시 다
수복했다. 번쾌가 돌아와 형양에 이르자, 식읍으로 평음平陰[1]의

2,000호를 더하고 장군으로 광무廣武를 수비하게 했다.

1년 만에 항우는 군사를 이끌고 동쪽으로 갔다. 고조를 따라 항적을 공격해 양하陽夏②를 함락하고 초나라 주장군周將軍과 졸병 4,000명을 포로로 잡았다. 항적을 진陳③에서 포위해 크게 쳐부수었다. 호릉胡陵④을 도륙했다.

項羽敗漢王於彭城 盡復取魯梁地 噲還至滎陽 益食平陰①二千戶 以將軍守廣武 一歲 項羽引而東 從高祖擊項籍 下陽夏② 虜楚周將軍卒四千人 圍項籍於陳③ 大破之 屠胡陵④

① 平陰평음

정의 평음 옛 성은 제양濟陽 동북쪽 5리에 있다.

平陰故城在濟陽東北五里

② 陽夏양하

정의 夏의 발음은 '가假'이다. 진주陳州 태강현이다.

夏音假 陳州太康縣

③ 陳진

정의 진주이다.

陳州

④ 胡陵호릉

정의 연주 남쪽에 있다.

在兗州南

무양후 번쾌

항적(항우)이 죽고 나서 한왕은 황제가 되었고, 번쾌는 견고하게 지키고 싸운 공이 있어서 식읍 800호를 더했다. 고제를 따라 반역한 연왕 장도臧荼를 공격해 포로로 잡고 연나라 땅을 평정했다. 초왕 한신이 반역하자 번쾌는 고제를 따라 진陳에 이르러 한신을 잡아 초楚나라를 평정했다.[①] 다시 열후의 작위를 하사받고 제후들과 함께 부절을 쪼개 받아 대대로 이어져 단절되지 않게 하며, 무양舞陽을 식읍으로 하여 무양후舞陽侯라고 호칭하고 지난날의 식읍은 없앴다.

項籍旣死 漢王爲帝 以噲堅守戰有功 益食八百戶 從高帝攻反燕王臧荼 虜荼 定燕地 楚王韓信反 噲從至陳 取信 定楚[①] 更賜爵列侯 與諸侯剖符 世世勿絕 食舞陽 號爲舞陽侯 除前所食

① 定楚정초

정의 서주이다.

徐州

장군으로서 고조를 따라가 반역한 한왕 신을 대代에서 공격했다. 사인霍人①으로부터 가서 운중雲中②에 이르러 강후絳侯 등과 함께 평정해 식읍 1,500호를 더했다. 진희와 만구신③의 군대를 공격한 것을 계기로, 양국襄國④에서 싸워 백인柏人⑤을 쳐부수고 제일 먼저 성에 올랐으며, 청하와 상산常山 등 총 27개 현의 항복을 받아 안정시키고 동원東垣을 짓밟았으며⑥ 승진하여 좌승상이 되었다. 또 기무앙綦毋卬과 윤반尹潘의 군대를 무종無終과 광창廣昌에서 쳐부수었다.⑦

以將軍從高祖攻反韓王信於代 自霍人①以往至雲中② 與絳侯等共定之 益食千五百戶 因擊陳豨與曼丘臣③軍 戰襄國④ 破柏人⑤ 先登 降定淸河常山凡二十七縣 殘⑥東垣 遷爲左丞相 破得綦毋卬尹潘軍於無終廣昌⑦

① 霍人사인

[정의] 霍의 발음은 '수[先累反]' 또는 '솨[蘇果反]' 또는 '솨[山寡反]'이다. 두예가 말했다. "사인霍人은 진晉의 읍이다. 사인은 마땅히 '사莈'가 되어야 한다. 〈지리지〉에서 사인현莈人縣은 태원군에 속한다."《괄지지》에서 말한다. "사인의 옛 성은 대주 번치현 영역에 있다."

先累反 又蘇果反 又山寡反 杜預云 霍人 晉邑也 霍人 當作莈 地理志云莈人縣 屬太原郡 括地志云 莈人故城在代州繁時縣界也

② 雲中운중

[정의] 운중의 군과 현은 모두 삭주 선양현 북쪽 380리의 정양定襄 고성

이 이곳이다.

雲中郡縣 皆朔州善陽縣北三百八十里定襄故城是也

③ 曼丘臣만구신

집해 서광이 말했다. "만曼은 다른 판본에는 '영甯'으로 되어 있다."

徐廣曰 曼 一作甯字

④ 襄國양국

정의 형주의 성城이다.

邢州城

신주 한나라 신도信都이다. 이전에 항우가 신도를 고쳐 양국이라 했다. 〈장이진여열전〉에 나온다.

⑤ 柏人백인

정의 형주의 현이다.

邢州縣

⑥ 殘잔

집해 장안이 말했다. "잔殘은 손상한 바가 있는 것이다." 신찬이 말했다. "잔殘은 살상한 바가 많은 것을 이른다. 《맹자》에서 '의義를 해친 것이 잔殘이다.'라고 했다."

張晏曰 殘 有所毀也 瓚曰 殘謂多所殺傷也 孟子曰 賊義謂之殘

⑦ 廣昌광창

정의 울주 비호현 북쪽 7리에 있다.

在蔚州飛狐縣北七里

진희의 별장 호인胡人 왕황王黃의 군대를 대代 남쪽에서 쳐부수고, 이로 인해 한왕 신의 군대를 삼합參合①에서 공격했다. 번쾌 군대의 장졸들이 한왕 신을 참수하고 진희와 호인의 기병들을 횡욕橫谷②에서 쳐부수었다. 장군 조기趙旣를 참수하고 대代의 승상 풍량馮梁과 군수 손분孫奮과 대장 왕황王黃과 장군 태복太卜과 태복太僕 해복解福③ 등 10명을 포로로 잡았다. 여러 장수와 함께 대代의 73개 향읍鄕邑을 평정했다.

그 뒤 연왕 노관이 반역하자 번쾌는 상국 신분으로 노관을 공격해 그의 승상 저抵를 계薊④ 남쪽에서 쳐부수고 연나라 땅을 평정한 것이 총 18개 현과 51개 향읍이었다. 식읍 1,300호를 더하여 무양舞陽의 5,400호를 식읍으로 정했다.

종군해서 176급을 참수했고 288명을 포로로 잡았다. 별도로 7개의 군대를 쳐부수고 5개 성을 함락했으며 6개 군을 안정시키고 52개 현을 평정했으며, 승상 1명과 장군 12명과 2,000섬 이하에서 300섬에 이르는 관리 11명을 잡았다.

破豨別將胡人王黃軍於代南 因擊韓信軍於參合① 軍所將卒斬韓信 破豨胡騎橫谷② 斬將軍趙旣 虜代丞相馮梁守孫奮大將王黃將軍(太卜)太僕解福③等十人 與諸將共定代鄕邑七十三 其後燕王盧綰反 噲以相國擊盧綰 破其丞相抵薊④南 定燕地 凡縣十八 鄕邑五十一 益食邑千三百

戶 定食舞陽五千四百戶 從 斬首百七十六級 虜二百八十八人 別 破軍

七 下城五 定郡六 縣五十二 得丞相一人 將軍十二人 二千石已下至

三百石十一人

① 參合삼합

정의 삭주朔州 정양현 영역에 있다.

在朔州定襄縣界

② 橫谷횡욕

정의 谷의 발음은 '욕欲'이다. 아마 대代에 있을 것이다.

谷音欲 蓋在代

③ 解福해복

정의 사람의 성명이다.

人姓名

④ 抵薊저계

색은 抵의 발음은 '제[丁禮反]'이다. 저抵는 '지至'의 훈도 있다. 일설에는
저抵는 승상의 이름이라고 했다.

抵音丁禮反 抵訓至 一云抵者 丞相之名

번쾌는 여후의 여동생 여수呂須를 부인으로 삼았으며 아들 항伉을 낳았다. 그러므로 번쾌는 여러 장군에 비해서 고조와 가장 친근했다. 앞서 경포가 반란했을 때, 고조는 일찍이 질병이 심해 사람을 만나는 것을 싫어하고 금중에 누워 있으면서 문지기에게 조서를 내려서 모든 신하가 들어오지 못하도록 했다.

여러 신하 중에 강후絳侯나 관영灌嬰 등도 감히 들어가지 못했다. 10여 일 남짓 되었을 때, 번쾌가 이에 작은 문①을 밀치고 곧바로 들어가자 대신들이 따라 들어갔다. 주상은 홀로 환관 한 명을 베고 누워 있었다. 번쾌 등이 주상을 보고 눈물을 흘리면서 말했다.

"처음 폐하께서 신하들과 함께 풍패豐沛에서 일어나 천하를 평정했을 때, 그 정정함은 어디에 있습니까? 지금 천하가 이미 평정되었는데 또 어찌 수척해지셨습니까? 또 폐하의 질병이 심해 대신들이 두려워 떨고 있습니다. 그런데 신하들과 만나 일을 도모하지 않고 다만 홀로 환관 하나와 함께 끊으시겠습니까? 또 폐하께서는 유독 조고趙高의 일을 보지 못하셨습니까?"

고제가 웃으면서 일어났다.

噲以呂后女弟呂須爲婦 生子伉 故其比諸將最親 先黥布反時 高祖嘗病甚 惡見人 臥禁中 詔戶者無得入群臣 群臣絳灌等莫敢入 十餘日 噲乃排闥①直入 大臣隨之 上獨枕一宦者臥 噲等見上流涕曰 始陛下與臣等起豐沛 定天下 何其壯也 今天下已定 又何憊也 且陛下病甚 大臣震恐 不見臣等計事 顧獨與一宦者絕乎 且陛下獨不見趙高之事乎 高帝笑而起

① 闥달

정의 달闥은 궁 안의 작은 문이다.

闥 宮中小門

그 뒤 노관이 반역하자, 고제는 번쾌를 시켜 상국 신분으로 삼아서 연나라를 공격하게 했다. 이때 고제의 병이 심했는데, 어떤 사람이 "번쾌는 여씨呂氏와 당파를 맺어 곧 주상께서 붕어하시는 날 군사로써 척부인戚夫人과 조왕 여의如意의 무리를 모두 죽여 멸하고자 한다."라고 악담했다.

고제는 이를 듣고 크게 노하여 진평陳平을 시켜 강후絳侯를 수레에 태워 장군을 대신하게 하고 곧 군중에서 번쾌를 참수하라고 했다. 진평은 여후를 두려워하여 번쾌를 체포해서 장안에 이르렀다. 번쾌가 이르렀는데 고조는 이미 붕어했다. 여후는 번쾌를 석방하고 작위와 읍을 복직시켰다.

효혜제 6년, 번쾌가 죽자 시호를 무후武侯라고 했다. 아들 항伉이 후작을 이었다. 번항의 어머니 여수呂須는 또한 임광후臨光侯가 되어 고후高后 때 권력자로 모든 권한을 멋대로 휘둘러서 대신들이 다들 두려워했다.

其後盧綰反 高帝使噲以相國擊燕 是時高帝病甚 人有惡噲黨於呂氏 卽上一日宮車晏駕 則噲欲以兵盡誅滅戚氏趙王如意之屬 高帝聞之大怒 乃使陳平載絳侯代將 而卽軍中斬噲 陳平畏呂后 執噲詣長安 至則

高祖已崩 呂后釋噲 使復爵邑 孝惠六年 樊噲卒 謚爲武侯 子伉代侯 而
伉母呂須亦爲臨光侯 高后時用事專權 大臣盡畏之

번항이 후작을 대신한 지 9년, 고후가 죽었다. 대신들은 여씨呂氏들과 여수呂須의 딸린 식구들[1]을 처단하고, 이에 따라 번항도 처단했다. 무양후는 중간에 후사가 단절된 지 수개월이 되었다.

효문제가 즉위하고 나자, 이에 다시 번쾌의 다른 서자 시인市人을 봉하고 무양후로 삼았으며 옛날의 작위와 읍을 복원해 주었다. 시인이 후작이 된 지 29년 만에 죽자 시호를 황후荒侯라고 했다. 아들 타광他廣이 후작을 이었다. 6년이 지나서 후작의 집안 사인舍人이 타광에게 죄를 얻어 벌을 받고 원한이 있어서 이에 천자에게 글을 올렸다. "황후荒侯 시인은 병이 있어서 사람 구실을 하지 못해[2] 그의 부인으로 하여금 그의 아우와 간통하게 해 타광을 낳았습니다. 타광은 진실로 황후荒侯의 아들이 아니니 후사를 잇는 것은 부당합니다." 관리에게 조서를 내렸다. 효경제 중6년, 타광은 후작을 빼앗기고 서인이 되었으며 봉국은 없어졌다.[3]

伉代侯九歲 高后崩 大臣誅諸呂呂須婘屬[1] 因誅伉 舞陽侯中絕數月 孝
文帝旣立 乃復封噲他庶子市人爲舞陽侯 復故爵邑 市人立二十九歲卒
謚爲荒侯 子他廣代侯 六歲 侯家舍人得罪他廣 怨之 乃上書曰 荒侯市
人病不能爲人[2] 令其夫人與其弟亂而生他廣 他廣實非荒侯子 不當代
後 詔下吏 孝景中六年 他廣奪侯爲庶人 國除[3]

① 姻屬_{권속}

색은 姻의 발음은 '수_須'와 '권_眷'의 두 발음이다.

音須眷二音

신주 권속은 '집안붙이, 딸린 식구'라는 뜻이다.

② 不能爲人_{불능위인}

정의 사람의 도리를 행하지 못한다는 말이다.

言不能行人道

③ 國除_{국제}

색은 살펴보니 《한서》에, 평제_{平帝} 원시 2년에 번쾌 현손의 아들 번장 樊章을 봉해 무양후로 삼고 1,000호를 식읍으로 주었다고 했다.

案 漢書平帝元始二年 封噲玄孫之子章爲舞陽侯 邑千戶

곡주후 역상

곡주후① 역상酈商은 고양高陽② 사람이다. 진승陳勝이 군사를 일
으켰을 때, 역상은 소년들을 모아 동서로 사람들을 다스려서 수천
명을 얻었다. 패공이 땅을 빼앗으면서 진류陳留에 이른 지 6개월
가까이 되자③ 역상은 장졸 4,000명을 거느리고 기岐에서 패공에
게 붙었다.④

曲周侯①酈商者 高陽② 人 陳勝起時 商聚少年東西略人 得數千 沛公略
地至陳留 六月餘③ 商以將卒四千人屬沛公於岐④

① 曲周侯곡주후

정의 곡주 옛 성은 명주洺州 곡주의 서남쪽 15리에 있다.

故城在(洛)〔洺〕州曲周西南十五里

② 高陽고양

색은 고양은 취락 이름이고 진류군에 속한다.

酈音歷 高陽 聚名 屬陳留

정의 옹구의 서남 취읍聚邑 사람이다.

雍(州)〔丘〕西南聚邑人也

③ 沛公略地至陳留 六月餘패공약지지진류 유월여

[집해] 서광이 말했다. "〈진초지제월표〉에는 '이세황제 원년 9월, 패공이 군사를 일으켰다. 이세황제 3년 2월, 진류를 습격하고 역이기의 계책을 사용했다.'라고 한다. 그러므로 군사를 일으켜 이에 이른 것이 19개월이다. 〈역이기열전〉에는 이미 고조를 설득하는 것을 마치고 그의 아우 역상에게 말해서 패공을 따르게 시킨 것이라고 했다."

徐廣曰 月表曰二世元年九月 沛公起兵 二世三年二月 襲陳留 用酈食其策 起兵至此十九月矣 食其傳曰旣說高帝已 乃言其弟商 使從沛公也

[색은] 사건이 〈역생열전〉 및 〈진초지제월표〉와 더불어 조금 다른데 아마 사관의 뜻이 다른 것일 것이다.

事與酈生傳及年表小不同 蓋史官意異也

[정의] 서광의 주석은 잘못된 것이다. 역상이 먼저 동쪽과 서쪽을 다스려 수천 명을 얻었고 패공이 땅을 공략하면서 진류에 이르렀는데, 역상이 군사를 일으켜서 이에 6개월여 만에 4,000명을 얻어 장군으로서 고조를 따른 것이라는 말이다.

徐注非也 言商先東西略得數千人 及沛公略地至陳留 商起兵 乃六月餘得四千人 以將軍從高祖也

④ 四千人屬沛公於岐사천인속패공어기

[색은] 여기에서는 지명이 빠졌다. 아마 하남의 진陳이나 정鄭의 영역에 있을 것이다.

此地名闕 蓋在河南陳鄭之界

[정의] 〈고조본기〉에서 말한다. "역이기가 패공을 설득해 진류를 습격하게 해서 이에 역이기를 광야군廣野君으로 삼고 역상을 장군으로 삼아

서 진류의 군사를 거느리게 해 더불어 모두 개봉開封을 공격했다." 〈역생열전〉에서 말한다. "패공은 역생을 따라 군사를 거느리고 진류를 함락하자, 광양군으로 삼았다. 그의 아우 역상에게 말해 장수로서 수천 명을 거느리고 패공을 따라 서남쪽에서 땅을 빼앗게 하였다." 여기 〈역상열전〉에는 "기岐에서 패공에게 붙어 따라서 장사長社를 공격했다."라고 했다. 〈고조본기〉와 〈역상열전〉의 이 설명을 살펴보니, 기岐는 마땅히 진류 및 고양과 서로 가까우리라.

高紀云 酈食其說沛公襲陳留 乃以食其爲廣野君 酈商爲將 將陳留兵 與偕攻開封 酈生傳云 沛公引兵隨之 乃下陳留 爲廣陽君 言其弟酈商 使將數千人從沛公西南略地 此傳云 屬沛公於岐 從攻長社 案紀傳此說 岐當與陳留高陽相近也

패공을 따라 장사長社를 공격해 제일 먼저 성에 올라 작위를 받고 신성군信成君에 봉해졌다. 패공을 따라 구지緱氏를 공격하고 하수의 나루를 끊었으며, 진나라 군대를 낙양 동쪽에서 쳐부수었다. 패공을 따라 완宛과 양穰을 공격해 함락하고 17개 현을 평정했다. 별장이 되어서 순관旬關①을 공격하고 한중漢中을 평정했다. 항우가 진나라를 멸하고 패공을 세워 한왕漢王으로 삼았다. 한왕은 역상에게 신성군의 작위를 하사하고 장군 신분으로 농서도위로 삼았다.

從攻長社 先登 賜爵封信成君 從沛公攻緱氏 絶河津 破秦軍洛陽東 從攻下宛穰 定十七縣 別將攻旬關① 定漢中 項羽滅秦 立沛公爲漢王 漢王賜商爵信成君 以將軍爲隴西都尉

① 旬關순관

《한서음의》에서 말한다. "한중군 순양현旬陽縣이다. 旬의 발음은 '순詢'이다."

漢書音義曰 漢中旬陽縣 音詢

살펴보니 한중군 순양현은 순수旬水 상류 관關에 있다.

案 在漢中旬陽縣 旬水上之關

패공은 주력을 이끌고 남양군 서부에서 북쪽으로 무관武關을 돌파하여 함양으로 들어갔으며, 역상 일행은 함양으로 가지 않고 별도로 순관을 통해 서쪽 한중군으로 진격했다는 말이다.

별장이 되어서 북지北地①와 상군②을 안정시켰다. 옹국雍國 장군을 언지焉氏③에서, 주류周類의 군사를 순읍④에서, 소장蘇駔의 군대를 이양에서⑤ 쳐부수었다. 식읍으로 무성⑥의 6,000호를 받았다.

농서도위 신분으로 한왕을 따라서 항적의 군대를 5개월 동안 공격하고 거야鉅野로 나가 종리매鍾離眛와 싸웠는데 힘껏 싸워 양梁나라 상국相國의 인수를 받고 식읍 4,000호를 더했다. 양나라 상국 신분으로 한왕을 따라서 항우를 2년 3개월 동안 쳤으며 호릉을 공격했다.

別將定北地①上郡② 破雍將軍焉氏③ 周類軍枸邑④ 蘇駔軍於泥陽⑤ 賜食邑武成⑥六千戸 以隴西都尉從擊項籍軍五月 出鉅野 與鍾離眛戰 疾鬪 受梁相國印 益食邑四千戸 以梁相國將從擊項羽二歲三月 攻胡陵

① 北地북지

정의 영주이다.

寧州

② 上郡상군

정의 부주이다.

鄜州

③ 焉氏언지

집해 氏의 발음은 '지支'이다.

音支

색은 앞 글자 焉의 발음은 '연[於然反]'이고 뒷 글자 氏의 발음은 '지支'이다. 현 이름이며 안정군에 속한다. 《한서》에서는 "장함의 별장을 깨뜨렸다."라고 일렀다.

上音於然反 下音支 縣名 屬安定 漢書云破章邯別將

정의 현은 경주 안정현 동쪽 40리에 있다.

縣在涇州安定縣東四十里

④ 栒邑순읍

색은 순읍栒邑은 빈주邠州에 있다. 〈지리지〉에는 우부풍에 속한다. 栒의 발음은 '순荀'이다.

栒邑在邠州 地理志屬右扶風 栒音荀

⑤ 蘇馹軍於泥陽소장군어니양

서광이 말했다. "장뒤은 다른 판본에는 '제뒤'로 되어 있다."

徐廣曰 駔 一作騠

이양은 북지의 현 이름이다. 장뒤은 용마龍馬이다.

北地縣名 駔者 龍馬也

이양 옛 성은 영주 나천현 북쪽 31리에 있다. 이곡수泥谷水의 근원은 나천현 동북쪽 이양에서 나온다. 근원의 곁에는 샘이 있고 진흙 속에 숨어 20여 보를 흘러 이곡泥谷으로 들어간다. 또 이양추泥陽湫가 있는데 현의 동북쪽 40리에 있다.

故城在寧州羅川縣北三十一里 泥谷水源出羅川縣東北泥陽 源側有泉 於泥中潛流二十餘步而流入泥谷 又有泥陽湫 在縣東北四十里

⑥ 武成무성

무성현은 화주 정현 동쪽 13리에 있다.

縣在華州鄭縣東十三里

항우가 죽고 나서 한왕漢王은 황제가 되었다. 그해 가을 연왕 장도臧荼가 반란을 일으키자, 역상은 장군으로서 고제를 따라 장도를 공격해 용탈①에서 싸워 가장 먼저 성에 올라 진지를 함락하고 장도의 군대를 이현易縣② 아래서 쳐부수어 적을 물리쳤으며, 승진해서 우승상右丞相이 되었다. 작위를 받아 열후가 되어 제후들과 함께 부절을 쪼개 받고 대대로 이어져 단절되지 않게 했다. 탁涿③의 5,000호를 식읍으로 했으며 봉호를 탁후涿侯라고 했다.

> (역상은) 우승상으로서 별도로 상곡[4]을 평정하고 이를 계기로 대
> 代를 공격했으며 조나라 상국의 인수를 받았다.
>
> 項羽旣已死 漢王爲帝 其秋 燕王臧荼反 商以將軍從擊荼 戰龍脫[1] 先
> 登陷陣 破荼軍易[2]下 卻敵 遷爲右丞相 賜爵列侯 與諸侯剖符 世世勿
> 絕 食邑涿[3]五千戶 號曰涿侯 以右丞相別定上谷[4] 因攻代 受趙相國印

① 龍脫용탈

[집해] 서광이 말했다. "연燕과 조趙의 영역에 있다." 살펴보니 《한서음의》
에서 말한다. "지명이다."

徐廣曰 在燕趙之界 駰案 漢書音義曰 地名

[색은] 맹강이 말했다. "지명이다." 연燕과 조趙의 영역에 있는데 그 땅은
기록이 빠져 있다.

孟康曰 地名 在燕趙之界 其地闕

② 易이

[정의] 이주 이현이다.

易州易縣

③ 涿탁

[정의] 탁涿은 유주이다.

涿 幽州

④ 上谷상곡

규주嬀周이다.

嬀州

우승상 겸 조나라 상국 신분으로 별도로 강후絳侯 등과 함께해 代와 안문雁門을 평정하고, 代의 승상 정종程縱과 수상守相 곽 동郭同과 장군 이하 600석에 이르는 관리 19명을 포로로 잡았다. 돌아와 장군으로 태상황太上皇을 1년 7개월 동안 호위했다.

우승상으로 진희를 공격하고 동원東垣을 짓밟았다. 또 우승상으로 고제를 따라 경포를 쳐서, 그의 선봉 방진을① 공격하여 양쪽 방진을 함락시켜 경포의 군대를 격파했다. 다시 곡주曲周의 5,100 호를 식읍으로 주고 지난날의 식읍은 없앴다.

무릇 별도로 3개의 군대를 쳐부수고 6개 군과 73개 현을 항복 시키고 평정했으며, 승상과 수상과 대장 각각 1명, 소장小將 2명, 2,000석 이하에서 600석에 이르는 관리 19명을 포로로 잡았다.

以右丞相趙相國別與絳侯等定代鴈門 得代丞相程縱守相郭同將軍已 下至六百石十九人 還 以將軍爲太上皇衞一歲七月 以右丞相擊陳豨 殘東垣 又以右丞相從高帝擊黥布 攻其前拒① 陷兩陳 得以破布軍 更食 曲周五千一百戶 除前所食 凡別破軍三 降定郡六 縣七十三 得丞相守 相大將各一人 小將二人 二千石已下至六百石十九人

① 前拒전구

집해 서광이 말했다. "다른 판본에 구拒는 '화和'로 되어 있다." 배인은

구拒를 방진方陳이라고 했다. 拒의 발음은 '구矩'이다.

徐廣曰 一作和 駆謂拒 方陳 拒音矩

색은 拒의 발음은 '거巨' 또는 '구矩'이다. 배인은 "구拒는 방진이다."라고 하며 추씨는 《좌전》을 인용해 "왼쪽 방진과 오른쪽 방진"이 있다고 했다. 서광은 "다른 판본에는 화和로 되어 있는데 화和는 군문軍門이다."라고 했다. 《한서》에는 '전원前垣'이라 했는데, 안사고는 그 벽루의 앞 담을 공격하는 것으로 여겼다. 이기는 "선봉이 견고하게 막아서 담과 같은 것이다."라고 했는데, 잘못이다.

音巨 又音矩 裴駰云 拒 方陣 鄒氏引左傳有 左拒右拒 徐云 一作和 和 軍門也 漢書作 前垣 小顔以爲攻其壁壘之前垣也 李奇以爲 前鋒堅蔽若垣牆 非也

역상은 효혜제와 고후高后를 섬길 때 병이 들어서 다스리지 못했다.[1] 그의 아들 역기酈寄는 자가 황황況[2]이며 여록呂祿과 더불어 친하게 지냈다. 고후가 붕어하자, 대신들은 여러 여씨를 처단하고자 했다. 이때 여록은 장군이 되어 북군北軍에 주둔해 있었다.

태위 주발은 북군으로 들어갈 수 없게 되자 이에 사람을 시켜 역상을 겁박하고 그의 아들 역황에게 여록을 속여서[3] 여록이 믿게 했다. 그래서 함께 밖으로 나와서 놀 때 태위 주발이 들어가 북군을 차지해 마침내 여러 여씨를 처단했다. 이해에 역상이 죽었으며 시호를 경후景侯라고 했다. 아들 기寄가 후작을 이었다. 천하에서는 역황을 일컬어 친구를 팔았다[4]고 했다.

> 商事孝惠高后時 商病 不治^① 其子寄 字況^② 與呂祿善 及高后崩 大臣欲
>
> 誅諸呂 呂祿爲將軍 軍於北軍 太尉勃不得入北軍 於是乃使人劫酈商
>
> 令其子況紿^③呂祿 呂祿信之 故與出游 而太尉勃乃得入據北軍 遂誅諸
>
> 呂 是歲商卒 諡爲景侯 子寄代侯 天下稱酈況賣交也^④

① 不治불치

집해 문영이 말했다. "관직의 사무를 처리하지 못하는 것이다."

文穎曰 不能治官事

② 字況자황

색은 역기의 자字이다. 추탄생본에는 '형兄' 자로 되어 있지만 또한 발음은 '황況'이라고 했다.

酈寄字也 鄒氏本作兄 亦音況

③ 紿태

색은 태紿는 속임수이고 거짓이다. 紿의 발음은 '대待'이다.

紿 欺也 詐也 音待

④ 賣交也매교야

집해 반고가 말했다. "대저 매교賣交란 이로운 것을 보고 의를 잊는 것을 이른다. 이처럼 역기의 아버지가 공신이 되어 또 겁박을 당했지만 그렇다 해도 여록을 꺾어서 사직을 안정시켰으니 마땅히 군주와 어버이를 보전한 것은 옳았다."

班固曰 夫賣交者 謂見利而忘義也 若寄父爲功臣 而又執劫 雖摧呂祿以安稷 誼存君親可也

신주 문장은 '若~, 雖~.'의 형태다. 해석은 '이처럼 ~하여, 그렇다 해도 ~.'라는 뜻이다.

효경제 전3년, 오吳와 초楚와 제齊와 조趙에서 반란을 일으키자, 주상은 역기를 장군으로 삼아 조나라 성을 포위하게 했으나 10개월 동안 함락하지 못했다.[①] 이에 수후兪侯[②] 난포欒布가 제나라를 평정하고 돌아와서 조나라 성을 함락하고 조나라를 멸했다. 왕이 자살하고 조나라는 없어졌다.

효경제 중2년, 역기는 평원군平原君을 취해 부인夫人으로 삼고[③] 자 했는데, 경제가 노하여 역기를 관리에게 내려서 죄가 있자 후작을 빼앗았다. 경제는 이에 역상의 다른 아들인 역견酈堅을 봉해서 목후繆侯[④]로 삼고 역씨의 후사를 잇게 했다. 목정후繆靖侯가 죽자 아들 강후康侯 수성遂成이 즉위했다. 수성이 죽고 아들 회후懷侯 세종世宗이 즉위했다.[⑤] 세종이 죽고 아들 후 종근終根이 즉위했으며 태상太常이 되었다가 법에 걸려 봉국이 없어졌다.

孝景前三年 吳楚齊趙反 上以寄爲將軍 圍趙城 十月不能下[①] 得兪侯[②] 欒布自平齊來 乃下趙城 滅趙 王自殺 除國 孝景中二年 寄欲取平原君爲夫人[③] 景帝怒 下寄吏 有罪 奪侯 景帝乃以商他子堅封爲繆侯[④] 續酈氏後 繆靖侯卒 子康侯遂成立 遂成卒 子懷侯世宗立[⑤] 世宗卒 子侯終根立 爲太常 坐法 國除

① 十月不能下십월불능하

신주 〈초원왕세가〉 '조왕편'에는 7개월을 버텼다고 한다. 七과 十은 글자가 비슷한데 어느 한쪽이 잘못되었을 것이다. 《사기지의》 의견을 따른다면, 모두 잘못으로 아마 3개월이 맞을 것이다.

② 兪侯수후

집해 兪의 발음은 '서舒'이다.

兪音舒

색은 兪의 발음은 '유歈'이고 현 이름이다. 또 '수輸'로도 발음하며 하동군에 있다.

兪音歈 縣名 又音輸 在河東

신주 〈혜경간후자연표〉에는 청하군 소속이라 하며 또 《후한서》 〈군국지〉에 따라 우부방[阝]을 붙여 수鄃라고 해야 한다.

③ 平原君爲夫人평원군위부인

집해 소림이 말했다. "경제왕 황후의 어머니 장아臧兒이다."

蘇林曰 景帝王皇后母臧兒也

④ 繆侯목후

집해 서광이 말했다. "목繆은 봉읍을 바꾼 이름이며 시호는 정靖이다."

徐廣曰 繆者 更封邑名 諡曰靖

색은 繆의 발음은 '목穆'이며 봉읍이다. 시호는 정후이다. 《한서》에는 시호가 없다.

繆音穆 邑也 諡曰靖侯 漢書無諡

신주 여기서는 목후를 역견酈堅이라 하지만 《한서》에는 견소堅紹라 했는데, 《한서》가 옳다고 본다. 봉해진 시기를 〈고조공신후자연표〉는 경제 중3년이라 했다.

⑤ 世宗立세종립

집해 서광이 말했다. "세世는 다른 판본에는 '타他'로 되어 있다."

徐廣曰 世 一作他

신주 〈고조공신후자연표〉에는 수성을 수遂, 세종을 종宗이라 하여 한 글자씩 빠져 있다.

여음후 등공 하후영

여음후汝陰侯[1] 하후영은 패沛 땅 사람이다. 패沛의 마구간 업무를 맡았다.[2] 사신과 객을 보내고 돌아올 때마다 패현 사상정泗上亭에 들러서 고조와 함께 이야기를 나누면 일찍이 날이 바뀌지 않는 적이 없지 않았다. 하후영은 뒤에 시험을 쳐 현의 관리에 보임되고도 고조와 더불어 서로 아꼈다.

고조가 장난을 치다가 하후영에게 상처를 입혔는데 어떤 사람이 고조를 관에 고발했다.[3] 고조는 당시에 정장亭長이었는데 남에게 상처를 입혔으니 법에 걸려서 중벌을 받아야 했다.[4] 그런 까닭에 하후영에게 상처를 입히지 않았다고 고했으며[5] 하후영은 그렇다고 증언했다.

뒤에 옥사가 뒤집혀서[6] 하후영은 고조에 연좌되어 한 해 남짓 갇혀 있게 되었다. 매를 수백 대를 맞으면서도 끝까지 옳다고 해서 고조를 벗어나게 해주었다.

汝陰侯[1]夏侯嬰 沛人也 爲沛廐司御[2] 每送使客還 過沛泗上亭 與高祖語 未嘗不移日也 嬰已而試補縣吏 與高祖相愛 高祖戲而傷嬰 人有告[3] 高祖 高祖時爲亭長 重坐傷人[4] 告故不傷嬰[5] 嬰證之 後獄覆[6] 嬰坐高祖繫歲餘 掠笞數百 終以是脫高祖

① 汝陰侯여음후

정의 여음은 곧 지금의 양성陽城이다.

汝陰卽今陽城

신주 양성이란 지명은 여러 곳이어서 어느 곳을 가리키는지 알 수 없다. 여음은 한漢나라 때 여남군 소속이며, 회수淮水로 유입되는 영수潁水 하류에 위치한다.

② 廄司御구사어

색은 살펴보니《초한춘추》에는 등공이 어御가 되었다고 했다.

案 楚漢春秋云滕公爲御也

③ 告고

집해 위소가 말했다. "고告는 알린 것이다. 고조가 사람을 다치게 했다고 알린 것이다."

韋昭曰 告 白也 白高祖傷人

④ 重坐傷人중좌상인

집해 여순이 말했다. "관리가 되어 사람을 다치게 하면 그의 죄가 무거워진다."

如淳曰 爲吏傷人 其罪重也

⑤ 告故不傷嬰고고불상영

집해 등전이 말했다. "법률에는 까닭이 있으면 국문을 청한다. 고조가 스스로 남을 다치게 하지 않았다고 고한 것이다."

鄧展曰 律有故乞鞫 高祖自告不傷人

색은 살펴보니 《진령》에서 말한다. "옥사를 마치고 끝내려면 죄수를 불러서 국문하여 죄상을 말하게 하지만, 죄수가 만약에 거짓으로 국문을 청해도 허락한다."

案 晉令云 獄結竟 呼囚鞫語罪狀 囚若稱枉欲乞鞫者 許之也

⑥ 獄覆옥복

색은 살펴보니 위소가 말했다. "고제는 스스로 하후영을 다치게 하지 않았다고 하고 하후영은 증언했지만, 이에 옥사가 뒤집힌 것이다."

案 韋昭曰 高帝自言不傷嬰 嬰證之 是獄辭翻覆也

고조는 처음 그의 무리들과 패를 공격하고자 했는데, 하후영은 당시에 현령사縣令史의 신분으로 고조를 위해 심부름을 했다.①

주상은 패현을 하루 만에 항복시키고② 고조가 패공沛公이 되자, 하후영에게 칠대부 작위를 내리고 태복太僕으로 삼았다.

패공을 따라 호릉③을 공격하여 하후영은 소하蕭何와 더불어 사수감泗水監 평平을 항복시켰으며 평이 호릉을 들어 항복하자, 하후영에게 오대부 작위를 내렸다.

패공을 따라 진나라 군사를 탕碭 동쪽에서 공격하고 제수 북쪽을 공격하여 호유를 함락하고 이유李由의 군대를 옹구 아래서 쳐부수었는데 병거를 달려 공격하고 힘껏 싸우니 집백執帛의 작위를 내려주었다.

高祖之初與徒屬欲攻沛也 嬰時以縣令史爲高祖使^① 上降沛一日^② 高
祖爲沛公 賜嬰爵七大夫 以爲太僕 從攻胡陵^③ 嬰與蕭何降泗水監平 平
以胡陵降 賜嬰爵五大夫 從擊秦軍碭東 攻濟陽 下戶牖 破李由軍雍丘
下 以兵車趣攻戰疾 賜爵執帛

① 爲高祖使위고조사

정의 爲의 발음은 '위[于僞反]'이고 使의 발음은 '시[所吏反]'이다.

爲 于僞反 使 所吏反

② 上降沛一日상항패일일

정의 부로父老들이 성문을 열고 고조를 맞이한 것을 이른다.

謂父老開城門迎高祖

③ 胡陵호릉

집해 장안이 말했다. "호릉은 평平이 머무른 현이며 소하가 일찍이 그
에게 종사했으므로 함께 항복한 것이다."

張晏曰 胡陵 平所止縣 何嘗給之 故與降也

신주 여기 평平은 진나라 중앙에서 파견한 어사감군으로, 〈소상국
세가〉에서 소하를 조정에 들이려고 추천한 사람일 것이다.

항상 태복 신분으로 수레에서 모시면서 패공을 따라 장함의 군대를 동아東阿와 복양濮陽 아래에서 공격했다. 또 병거를 달려 공격하여 힘껏 싸워 적을 쳐부수니, 집규執珪 작위를 내려주었다. 다시 항상 수레에서 모시면서 패공을 따라 조비趙賁의 군사를 개봉에서, 양웅楊熊의 군대를 곡우에서 공격했다. 하후영은 패공을 따라 68명을 포로로 잡았고 졸병 850명을 항복시켰으며 인수 한 상자①를 얻었다.

이에 따라 다시 항상 수레에서 모시면서 패공을 따라 진나라 군대를 낙양 동쪽에서 쳐서 병거를 달려 공격하여 힘껏 싸우니, 봉작을 하사받고 전임하여 등공滕公이 되었다.② 이에 따라 다시 수레에서 모시면서 패공을 따라 남양을 공격해서 남전藍田과 지양芷陽③에서 싸웠는데 병거를 달려 공격하여 힘껏 싸워 패상에 이르렀다.

항우가 이르러 진나라를 멸하고 패공을 세워 한왕漢王으로 삼았다. 한왕은 하후영에게 열후 작위를 하사하여 소평후昭平侯라고 불렀다. 다시 태복이 되어 패공을 따라 촉蜀과 한중으로 들어갔다.

常以太僕奉車從擊章邯軍東阿濮陽下 以兵車趣攻戰疾 破之 賜爵執珪 復常奉車從擊趙賁軍開封 楊熊軍曲遇 嬰從捕虜六十八人 降卒八百五十人 得印一匱① 因復常奉車從擊秦軍雒陽東 以兵車趣攻戰疾 賜爵封轉爲滕公② 因復奉車從攻南陽 戰於藍田芷陽③ 以兵車趣攻戰疾 至霸上 項羽至 滅秦 立沛公爲漢王 漢王賜嬰爵列侯 號昭平侯 復爲太僕 從入蜀漢

① 匱궤

[색은] 살펴보니 《설문》에서 "궤匱는 작은 상자이다."라고 했다. 그때 자기 스스로 각 부서의 도장을 획득한 것을 이른다.

案 說文云 匱 匣也 謂得其時自相部署之印

② 賜爵封轉爲滕公사장봉전위등공

[집해] 서광이 말했다. "현령이다." 살펴보니 등전이 말했다. "지금 패군의 공구公丘이다."《한서》에서 말한다. "하후영은 등현령으로 수레에서 모셨기 때문에 등공滕公이라고 불렀다."

徐廣曰 令也 駰案 鄧展曰 今沛郡公丘 漢書曰 嬰爲滕令奉車 故號滕公

[정의] 등滕은 곧 공구의 옛 성이다. 서주 등현 서남쪽 15리에 있다.

滕卽公丘故城是 在徐州滕縣西南十五里

③ 芷陽지양

[색은] 芷의 발음은 '지止'이다. 지명이다. 지금의 패릉이고 경조에 있다.

芷音止 地名 今霸陵也 在京兆

돌아와 삼진三秦을 평정하고 한왕을 따라 항적(항우)을 공격했다. 팽성彭城에 이르렀지만 항우의 군대가 한나라 군대를 크게 쳐부수었다. 한왕은 패하고 불리해지자 달려서 떠나갔다. 하후영은 효혜제와 노원공주魯元公主를 보고 수레에 실었다.

한왕은 위급하고 말은 피로했으며 잡으려는 자들이 뒤를 따르자, 늘 발로 차① 두 아이를 버리고자 했는데 하후영은 그때마다 거두어 끝내 수레에 실었다. 천천히 가면서 자신의 목을 껴안게 하고 이에 달렸다.②

한왕이 노하여 길을 가면서 하후영을 10여 차례나 죽이려고 했으나 마침내 추격을 벗어나서 효혜제와 노원공주를 풍豐에 이르게 했다.

還定三秦 從擊項籍 至彭城 項羽大破漢軍 漢王敗 不利 馳去 見孝惠魯元 載之 漢王急 馬罷 虜在後 常蹶①兩兒欲棄之 嬰常收 竟載之 徐行面雍樹乃馳② 漢王怒 行欲斬嬰者十餘 卒得脫 而致孝惠魯元於豐

① 蹶궐

색은 蹶의 발음은 '궐厥' 또는 '궐[巨月反]'이며 다른 발음은 '귀[居衞反]'이다. 《한서》에는 '발蹳'로 되어 있고 蹳의 발음은 '발撥'이다.

蹶音厥 又音巨月反 一音居衞反 漢書作蹳 音撥

② 徐行面雍樹乃馳서행면옹수내치

집해 복건이 말했다. "고조가 베고자 한 것이다. 그러므로 하후영이 나무를 감싸 안고 달아난 것이다. 면面은 나무를 향한 것이다." 응소가 말했다. "옛날에는 모두 서서 수레를 탔는데, 하후영은 어린아이들이 떨어질까 두려워 각각 한쪽 방향에 두고 껴안아 잡은 것이다. 수樹는 세우는 것이다." 소림이 말했다. "남방 사람은 어린아이를 껴안는 것을 '옹수雍樹'라고 한다. 면面은 어른이 얼굴을 머리쪽으로 향하고 어린아이가 어른의 목을 껴안아 나무에 매달린 것같이 하는 것이다."

服虔曰 高祖欲斬之 故嬰圍樹走也 面 向樹也 應劭曰 古者皆立乘 嬰恐小兒墜 各置一面雍持之 樹 立也 蘇林曰 南(陽)〔方〕人謂抱小兒爲雍樹 面者 大人以面首向臨之 小兒抱大人頸似懸樹也

색은 소림과 진작은 모두 남방과 경사京師에서는 아이를 껴안는 것을 '옹

수擁樹'라고 한다고 말했지만 지금은 그러한 말이 없다. 어떤 이는 당시에는 이러한 설명이 있었다고 했다. 응소와 복건의 설명은 아마 (뜻에서) 먼 듯하다.

蘇林與晉灼皆言南方及京師謂抱兒爲擁樹 今則無其言 或當時有此說 其應服之說 蓋疎也

한왕은 형양에 이르고 나서 흩어진 군사를 수습하여 다시 떨치게 되었고, 하후영에게 기양祈陽[①]을 식읍으로 주었다. 다시 항상 수레로 모시면서 한왕을 따라 항적을 공격하고 추격해서 진陳에 이르렀으며, 끝내 초나라를 평정했다. 노魯에 이르러 자지兹氏[②]를 식읍으로 더해 주었다.

한왕은 서서 황제가 되었다. 그해 가을에 연왕 장도가 반란을 일으키자, 하후영은 태복 신분으로 고조를 따라 장도를 공격했다. 다음해 고조를 따라 진陳에 이르러 초왕 한신을 체포했다. 다시 하우영에게 여음汝陰을 식읍으로 주고 부절을 쪼개서 대대로 이어서 단절되지 않게 했다.

漢王旣至滎陽 收散兵 復振 賜嬰食祈陽[①] 復常奉車從擊項籍 追至陳 卒定楚 至魯 益食兹氏[②] 漢王立爲帝 其秋 燕王臧荼反 嬰以太僕從擊荼 明年 從至陳 取楚王信 更食汝陰 剖符世世勿絶

---

① 祈陽기양

집해 서광이 말했다. "기祈는 다른 판본에는 '기沂'로 되어 있다."

徐廣曰 祈 一作沂

색은 아마 향鄕 이름일 것이다. 《한서》에는 '기沂'로 되어 있는데 초나라에는 그 현이 없다.

蓋鄉名也 漢書作沂 楚無其縣

② 玆氏자지

색은 현 이름이다. 〈지리지〉에서 태원군에 속한다.

縣名也 地理志屬太原

태복으로서 고조를 따라 대代를 공격하고 무천武泉과 운중雲中①에 이르러서 식읍 1,000호를 보탰다. 이로 인해 고조를 따라 한왕 신의 군대인 호인의 기병을 진양晉陽 곁에서 공격해 크게 쳐부수었다. 북쪽으로 추격해 평성平城에 이르렀다가 호인에게 포위당해 7일 동안 통행하지 못했다. 고조는 사신을 시켜 흉노의 부인 연지閼氏에게 풍부한 뇌물을 보내자 묵돌冒頓이 한쪽의 포위를 열어 주었다.

고조는 나가서 달리고자 했는데 하후영은 군이 천천히 가면서 쇠뇌를 모두 시위를 한껏 당겨 밖을 향하게 해 마침내 포위에서 벗어났다. 하후영에게 세양細陽②의 1,000호를 식읍으로 더해 주었다. 다시 태복으로서 고조를 따라 호인의 기병을 구주句注 북쪽에서 공격해 크게 쳐부수었다.

以太僕從擊代 至武泉雲中① 益食千戶 因從擊韓信軍胡騎晉陽旁 大破之 追北至平城 爲胡所圍 七日不得通 高帝使使厚遺閼氏 冒頓開圍一角 高帝出欲馳 嬰固徐行 弩皆持滿外向 卒得脫 益食嬰細陽②千戶 復以太僕從擊胡騎句注北 大破之

① 武泉雲中무천운중

색은 〈지리지〉에서 무천은 운중에 속한다.

地理志武泉屬雲中

정의 무천과 운중 두 현은 삭주 선양현 영역에 있다.

二縣 在朔州善陽縣界

② 細陽세양

색은 〈지리지〉에서 여남군에 속한다.

地理志屬汝南

태복으로서 호인의 기병을 평성平城 남쪽에서 공격하고 세 곳의 진지를 함락하여 최고의 공로를 인정받아 빼앗은 읍 500호를 하사받았다.① 태복으로서 진희와 경포의 군대를 공격해 진지를 함락하고 적들을 물리쳐 식읍 1,000호를 보태어 여음의 6,900호를 식읍으로 정해주고 지난날의 식읍은 모두 없앴다.

하후영은 주상이 처음 패에서 군사를 일으켰을 때부터 항상 태복이 되어 고조가 죽을 때까지 이어졌다. 태복으로서 효혜제를 섬겼다. 효혜제와 고후高后는, 하후영 덕택에 효혜제와 노원공주가 하읍下邑②의 사이에서 벗어났으므로 이에 하후영에게 현縣의 북쪽에 제일 좋은 집을 하사하고 "우리와 가까이 지내자."라고 하며 남달리 존경했다.

以太僕擊胡騎平城南 三陷陳 功爲多 賜所奪邑五百戶① 以太僕擊
陳豨黥布軍 陷陳卻敵 益食千戶 定食汝陰六千九百戶 除前所食 嬰

> 自上初起沛 常爲太僕 竟高祖崩 以太僕事孝惠 孝惠帝及高后德嬰
> 之脫孝惠魯元於下邑②之間也 乃賜嬰縣北第一 曰 近我 以尊異之

① 賜所奪邑五百戶사소탈읍오백호

[집해] 《한서음의》에서 말한다. "당시에 죄과가 있어 읍을 빼앗고 그것
으로 하사한 것이다."

漢書音義曰 時有罪過奪邑者 以賜之

② 下邑하읍

[정의] 송주 탕산현이다.

宋州碭山縣

효혜제가 붕어하자 태복으로서 고후高后를 섬겼다. 고후가 죽자
대왕代王이 들어왔는데, 하후영은 태복으로서 동모후東牟侯와 함
께 들어가 궁을 청소하고 소제少帝를 폐하였다. 천자의 법가法駕
로 대왕代王을 관저에서 맞이해 대신들과 함께 세워 효문황제로
삼고 다시 태복이 되었다.

8년 뒤에 죽었는데 시호를 문후文侯라고 했다.[①] 아들 이후夷侯 조竈
가 서서 7년 만에 죽었다. 하후조의 아들 공후共侯 하후사夏侯賜가
이어 서서 31년 만에 죽었다. 하후사의 아들 하후파夏侯頗가 후작
이 되어 평양공주平陽公主의 배필이 되었다.[②] 후작이 된 지 19년째
무제 원정 2년, 아버지의 시첩侍妾과 간통한 죄에 걸려 자살하여

봉국이 없어졌다.

孝惠帝崩 以太僕事高后 高后崩 代王之來 嬰以太僕與東牟侯入淸宮 廢少帝 以天子法駕迎代王代邸 與大臣共立爲孝文皇帝 復爲太僕 八歲卒 諡爲文侯[1] 子夷侯竈立 七年卒 子共侯賜立 三十一年卒 子侯頗 尙平陽公主[2]立十九歲 元鼎二年 坐與父御婢姦罪 自殺 國除

① 八歲卒 諡爲文侯팔세졸 시위문후

색은 살펴보니 요씨가 말했다. "《삼보고사》에서 '등문공묘는 음마교 飮馬橋의 동쪽 큰길 남쪽에 있고 세속에서는 마총馬冢이라고 이른다.' 라고 했다. 《박물지》에서 '공경들이 하후영의 상여를 전송하며 동도문 東都門 밖에 이르렀는데 말이 가지 않고 땅에 넘어져 슬피 울자, 돌로 된 곽을 얻었는데 새긴 글자에 「아름다운 성은 빽빽하고 3,000년에 쨍쨍 비 추는 태양을 보니, 아아 등공은 이 집에서 살 것이다.」라고 쓰여 있었다. 이에 그곳에 묻었다.'고 했다."

案 姚氏云 三輔故事曰 滕文公墓在飮馬橋東大道南 俗謂之馬冢 博物志曰 公 卿送嬰葬 至東都門外 馬不行 踣地悲鳴 得石槨 有銘曰 佳城鬱鬱 三千年見白 日 吁嗟滕公居此室 乃葬之

② 侯頗尙平陽公主후파상평양공주

신주 조참의 후손 평양후 조시曹時는 경제의 장녀이자 무제의 친누나인 평양공주에게 장가든다. 평양후에게 하가下嫁해서 평양공주라고 한다. 공주 는 조시 사후에 여음후 하후파夏侯頗에게 재가하고, 원정 2년 하후파가 자살하자 다시 무제의 총애를 받은 위청에게 재가한다.

영음후 장군 관영

영음후① 관영은 수양睢陽②에서 비단을 파는 장사꾼이었다. 고조가 패공沛公이 되어 땅을 공략하며 옹구雍丘 아래에 이르렀는데 장함章邯이 항량項梁을 무찔러 살해하자, 패공은 돌아와 탕碭에 주둔했다.

관영은 처음에 중연中涓(시종관)으로서 패공을 따라 동군위東郡尉를 성무成武에서, 진나라 군대를 강리扛里에서 공격해 쳐부수고 힘껏 싸워서 칠대부 작위를 하사받았다. 패공을 따라 진나라 군사를 박毫의 남쪽과 개봉開封과 곡우曲遇에서 공격했는데 힘을 다해③ 싸워 집백執帛 작위를 하사받았고 선릉군宣陵君이라고 불렀다.

潁陰侯①灌嬰者 睢陽②販繒者也 高祖之爲沛公 略地至雍丘下 章邯敗殺項梁 而沛公還軍於碭 嬰初以中涓從擊破東郡尉於成武及秦軍於扛里 疾鬪 賜爵七大夫 從攻秦軍亳南開封曲遇 戰疾力③ 賜爵執帛 號宣陵君

① 潁陰侯영음후

[정의] 지금의 진주 남영현 서북쪽 13리에 영음의 고성이 이곳이다.

今陳州南潁縣西北十三里潁陰故城是

② 睢陽수양

[정의] 수양睢陽은 송주 송성현이다.

睢陽 宋州宋城縣

③ 疾力질력

[집해] 복건이 말했다. "힘껏 공격한 것이다."

服虔曰 疾攻之

패공을 따라 양무陽武 서쪽에서 공격하여 낙양에 이르렀으며, 진나라 군사를 시尸의 북쪽에서 쳐부수고 북쪽에서 하수 나루를 끊었다. 남쪽으로 남양군수 의齮를 양성 동쪽에서 쳐부수고 마침내 남양군을 평정했다.

서쪽 무관武關으로 들어가 남전藍田에서 싸우는 데 힘을 다하고 패상에 이르러 집규執珪 작위를 하사받고 창문군昌文君[①]이라고 불렀다. 패공이 서서 한왕漢王이 되자 관영을 낭중郎中에 제수했다. 한왕을 따라 한중으로 들어가 10월에 중알자中謁者에 제수되었다. 한왕을 따라 돌아와 삼진三秦을 평정하고 역양을 함락하고 새왕塞王을 항복시켰다. 군사를 돌려 장함을 폐구에서 포위했으나 함락하지 못했다. 한왕을 따라 동쪽의 임진관臨晉關으로 나가 은왕殷王을 공격해 항복받고 그 땅을 평정했다.

從攻陽武以西至雒陽 破秦軍尸北 北絕河津 南破南陽守齮陽城東 遂定南陽郡 西入武關 戰於藍田 疾力 至霸上 賜爵執珪 號昌文君[①] 沛公

> 立爲漢王 拜嬰爲郎中 從入漢中 十月 拜爲中謁者 從還定三秦 下櫟陽
> 降塞王 還圍章邯於廢丘 未拔 從東出臨晉關 擊降殷王 定其地

① 昌文君창문군

색은 선릉군宣陵君으로도 칭했는데 모두 벼슬하는 작위가 아니라 아름다운 호칭을 더했을 뿐이다.

亦稱宣陵君 皆非爵土 加美號耳

항우의 장수 용저龍且와 위魏나라 재상 항타項他의 군대를 정도定陶 남쪽에서 공격해 힘껏 싸워서 쳐부수었다. 관영은 열후 작위를 하사받고 창문후昌文侯라고 불렸으며 두현杜縣 평향平鄕①을 식읍으로 받았다. 다시 중알자 신분으로 한왕을 따라 탕碭을 항복시키고 팽성彭城에 이르렀다.

항우가 공격해서 한왕을 크게 쳐부수었다. 한왕은 달아나 서쪽으로 갔으며 관영도 한왕을 따라 돌아와 옹구雍丘에 주둔했다. 왕무王武와 위공魏公 신도申徒가 한나라를 배반하자,② 한왕을 따라 공격해서 쳐부수었다. 황黃③을 공격해 함락하고 서쪽에서 군사를 수습해 형양에 주둔했다.

擊項羽將龍且魏相項他軍定陶南 疾戰 破之 賜嬰爵列侯 號昌文侯 食杜平鄕① 復以中謁者從降下碭 以至彭城 項羽擊 大破漢王 漢王遁而西 嬰從還 軍於雍丘 王武魏公申徒反② 從擊破之 攻下黃③ 西收兵 軍於滎陽

① 杜平鄉두평향

색은 두현의 평향平鄉을 식읍으로 받은 것을 이른다.

謂食杜縣之平鄉

② 王武魏公申徒反왕무위공신도반

집해 장안이 말했다. "진나라 장수이며 투항해서 공(현령)이 되었는데 지금 반역한 것이다."

張晏曰 秦將 降爲公 今反

③ 黃황

정의 옛 성은 조주 고성현 동쪽 24리에 있다.

故城在曹州考城縣東二十四里

신주 《사기지의》에 따르면 《한서》에는 '외황外黃'이라 했으니, 이곳과 다르다. 지리적 위치로 보건대, 형양으로 가는 길이니 외황이 맞을 것이다.

초나라 기병이 많이 몰려오자 한왕은 이에 군대 안에서 거기장車騎將이 될 만한 자를 뽑으려 하였다. 모두 옛 진나라 기사騎士인 중천重泉① 사람 이필李必과 낙갑駱甲② 등이 기병에 익숙하다면서 지금 교위校尉로 삼아 기장으로 삼는 것이 좋겠다고 추천했다. 한왕이 장수로 제수하고자 하는데 이필과 낙갑이 말했다.

"신들은 옛 진나라 백성이어서 아마 군대에서 신들을 믿지 않을 것입니다. 신들은 원하건대 대왕의 좌우에서 기마를 잘하는 자를 얻어서 맡기면 그를 돕겠습니다.③”

楚騎來衆 漢王乃擇軍中可爲(車)騎將者 皆推故秦騎士重泉①人李必駱甲②習騎兵 今爲校尉 可爲騎將 漢王欲拜之 必甲曰 臣故秦民 恐軍不信臣 臣願得大王左右善騎者傅之③

① 重泉중천

[집해] 서광이 말했다. “중천은 풍익군에 속한다.”

徐廣曰 重泉屬馮翊

[정의] 옛 성은 동주 포성현 동남쪽 45리에 있다.

故城在同州蒲城縣東南四十五里

② 李必駱甲이필낙갑

[색은] 이필과 낙갑은 둘 다 사람 이름이다. 요씨가 살펴보니, 《한기》에서 환제桓帝 연희 3년에 고조의 공신인 이필의 후예 황문승黃門丞 이수李遂를 진양晉陽의 관내후關內侯로 삼아 추가로 녹훈錄勳했다.

必 甲 二人名也 姚氏案 漢紀桓帝延熹三年 追錄高祖功臣李必後黃門丞李遂爲晉陽關內侯也

③ 善騎者傅之선기자부지

[집해] 여순이 말했다. “傅의 발음은 ‘부附’이다. 수종자隨從者(종자로 따르다)라는 말과 같다.”

如淳曰 傅音附 猶言隨從者

관영은 비록 젊었지만 수차 힘써 싸웠다. 이에 관영을 중대부에 제수하고 이필과 낙갑을 좌우의 교위校尉로 삼았다. 낭중郎中의 기병들을 거느리고 초나라 기병들을 형양의 동쪽에서 공격해 크게 쳐부수었다. 조서를 받고 별도로 초나라 군대의 뒤를 공격해 그들의 군량미 조달통로를 차단하려고 양무陽武에서 출발해서 양읍襄邑에 이르렀다.

항우의 장수 항관項冠을 노魯 땅 아래에서 공격해 쳐부수고, 거느린 장졸들은 우사마右司馬[①]와 기장騎將 각 1명을 참수했다. 또 자공柘公 왕무王武[②]를 공격해 쳐부수고 연燕[③] 서쪽에 군대를 주둔시켰는데, 거느린 장졸들은 누번장樓煩將[④] 5명과 연윤連尹[⑤] 1명을 참수했다. 왕무의 별장 환영桓嬰을 백마白馬 땅의 아래에서 공격해 쳐부수고 거느린 장졸들이 도위 1명을 참수했다.

(관영은) 기병을 이끌고 하수의 남쪽을 건너 한왕을 전송하여 낙양에 이르게 하고, 북쪽에 사신으로 가서 상국 한신의 군대를 한단에서 맞이했다. 돌아와 오창에 이르러서 관영은 승진하여 어사대부가 되었다.

灌嬰雖少 然數力戰 乃拜灌嬰爲中大夫 令李必駱甲爲左右校尉 將郎中騎兵擊楚騎於滎陽東 大破之 受詔別擊楚軍後 絕其餉道 起陽武至襄邑 擊項羽之將項冠於魯下 破之 所將卒斬右司馬[①]騎將各一人 擊破柘公王武[②] 軍於燕[③]西 所將卒斬樓煩將[④]五人 連尹[⑤]一人 擊王武別將桓嬰白馬下 破之 所將卒斬都尉一人 以騎渡河南 送漢王到雒陽 使北迎相國韓信軍於邯鄲 還至敖倉 嬰遷爲御史大夫

① 右司馬우사마

[집해] 장안이 말했다. "왕王의 오른쪽 말이며 왼쪽도 그와 같다."

張晏曰 王右方之馬 左亦如之

② 柘公王武자공왕무

[집해] 서광이 말했다. "자柘는 진陳에 속한다."

徐廣曰 柘屬陳

[색은] 살펴보니 무武는 자현柘縣의 현령이다. 자현은 진陳에 속한다.

案 武 柘縣令也 柘縣屬陳

[정의] 자柘는 회양국에 속하지만 살펴보니 활주의 조성胙城이며, 본래 남연국이다.

柘屬淮陽國 案 滑州胙城 本南燕國也

③ 燕연

[신주] 여기의 연은 남연南燕으로 속칭 하북의 연나라가 아니다.

④ 樓煩누번

[집해] 이기가 말했다. "누번樓煩은 현 이름이다. 그곳 사람들이 말을 타고 활 쏘는 것을 잘했다. 그러므로 사수를 '누번'이라 이름 붙이고 그 아름다운 칭호를 취했으며, 반드시 누번 사람은 아니다." 장안이 말했다. "누번은 호胡의 국가 이름이다."

李奇曰 樓煩 縣名 其人善騎射 故以名射士爲樓煩 取其美稱 未必樓煩人也 張晏曰 樓煩 胡國名也

[신주] 황하 남쪽에서 싸우다가 느닷없이 날아가서 고비사막 부군 누번

에서 싸울 리 없다. 이어지는 기록으로 보건대, 틀림없이 누번은 장수의 이름이며 따라서 '누번장'이 되어야 한다.

⑤ 連尹연윤

[집해] 장안이 말했다. "대부이고 초나라 관직이다."

張晏曰 大夫 楚官

[색은] 소림이 말했다. "초나라 관직이다." 살펴보니《좌전》에서 "막오, 연윤, 궁구윤"이라 한 것이 이것이다.

蘇林曰 楚官也 案 左傳莫敖連尹宮廏尹 是

3년, 열후로서 두현의 평향平鄕을 식읍으로 받았다. 어사대부 신분으로 조서를 받고 낭중郞中의 기병들을 거느리고 동쪽의 상국 한신에게 소속되어 제나라 군사를 역하歷下에서 공격해 쳐부수었다. 그리하여 장졸將卒들이 (제나라) 거기장군車騎將軍 화무상華母傷 및 장수의 관리 46명을 포로로 잡았다.

임치臨菑를 항복시켜 제나라 수상守相 전광田光을 잡았다. 제나라 재상 전횡田橫을 추격해 영嬴과 박博에 이르러 그들의 기병을 쳐부수었다. 그리하여 장졸將卒들이 기장騎將 1명을 참수하고 기장 4명을 생포했다. 영嬴과 박博을 공격해서 함락하고 제나라 장군 전흡田吸을 천승千乘에서 쳐부수었다. 그리하여 장졸將卒들이 전흡을 참수했다.

동쪽으로 한신을 따라 용저와 유공留公 선旋을 고밀에서[①] 공격했는데, 병졸들[2]은 용저를 참수하고 우사마右司馬와 연윤連尹 각각 1명과 누번장 10명을 생포했으며, 자신은 아장亞將 주란周蘭을 생포했다.

三年 以列侯食邑杜平鄉 以御史大夫受詔將郎中騎兵東屬相國韓信 擊破齊軍於歷下 所將卒虜車騎將軍華毋傷及將吏四十六人 降下臨菑 得齊守相田光 追齊相田橫至嬴博 破其騎 所將卒斬騎將一人 生得騎將四人 攻下嬴博 破齊將軍田吸於千乘 所將卒斬吸 東從韓信攻龍且留公旋於高密[1] 卒[2]斬龍且 生得右司馬連尹各一人 樓煩將十人 身生得亞將周蘭

① 留公旋於高密유공선어고밀

[색은] 유留는 현이다. 현령은 공公이라고 칭하고 선旋은 그의 이름이다. 고밀은 현 이름이고 북해군에 있다. 《한서》에는 '가밀假密'로 되어 있는데, 가밀은 지명이지만 소재한 곳을 모른다. 어느 것이 옳은지 모르겠다.
留 縣 令稱公 旋其名也 高密 縣名 在北海 漢書作假密 假密 地名 不知所在 未知孰是

[정의] 유현은 패군에 있다. 공公은 그곳의 현령이다.
留縣在沛郡 公 其令

② 卒졸

[집해] 문영이 말했다. "거느린 장졸이다."
文穎曰 所將卒

제나라 땅이 평정되고 나서 한신은 스스로 서서 제왕이 되었고, 관영을 별장別將으로 삼아 초나라 장수 공고公杲를 노魯 땅의 북쪽에서 공격하게 해 쳐부수었다. 남쪽으로 방향을 바꾸어 설군薛郡의 군장을 쳐부수고 자신은 기장 1명을 포로로 잡았다. 부양傳陽을 공격하고 전진해 하상下相에서 동남쪽으로 동僮과 취려取慮와 서徐[1]에 이르렀다.

회수淮水를 건너 그 성읍을 모두 항복시키고 광릉廣陵[2]에 이르렀다. 항우는 항성項聲과 설공薛公과 담공郯公을 시켜 다시 회수의 북쪽을 평정하게 했다. 관영은 회수를 건너 북쪽의 하비下邳[3]에서 항성과 담공을 공격해서 쳐부수고 설공을 참수했으며 하비를 함락하고 초나라 기병을 평양平陽[4]에서 공격해 쳐부수었다.

마침내 팽성을 항복시키고[5] 주국柱國 항타項佗를 사로잡았으며 유留, 설薛, 패沛, 찬酇, 소蕭, 상相을 항복시켰다. 호苦와 초譙[6]를 공격하고 다시 아장亞將 주란周蘭을 잡았다.[7]

한왕과 이향頤鄕[8]에서 만났다. 한왕을 따라 항적의 군대를 진陳 땅 아래에서 공격해 쳐부수었다. 그리하여 장졸들이 누번장 2명을 참수하고 기장騎將 8명을 포로로 잡았다. 2,500호를 식읍으로 보태서 하사받았다.

齊地已定 韓信自立爲齊王 使嬰別將擊楚將公杲於魯北 破之 轉南 破薛郡長 身虜騎將一人 攻(博)〔傳〕陽 前至下相以東南僮取慮徐[1] 度淮 盡降其城邑 至廣陵[2] 項羽使項聲薛公郯公復定淮北 嬰度淮北 擊破項聲郯公下邳[3] 斬薛公 下下邳 擊破楚騎於平陽[4] 遂降彭城[5] 虜柱國項佗 降留薛沛酇蕭相 攻苦譙[6] 復得亞將周蘭[7] 與漢王會頤鄕[8] 從擊項

> 籍軍於陳下 破之 所將卒斬樓煩將二人 虜騎將八人 賜益食邑
> 二千五百戶

① 僅取慮徐 동취려서

색은 取의 발음은 '추秋'이고 慮의 발음은 '려閭'이다. 取의 발음은 또
'취趣'이다. 동僅과 서徐는 2개의 현이고 취려取慮는 하나의 현 이름이다.

取音秋 慮音閭 取又音趣 僅徐是二縣 取慮是一縣名

② 廣陵 광릉

집해 《한서음의》에서 말한다. "광릉에 머물면서 적을 막았다."

漢書音義曰 住廣陵以禦敵

정의 하상下相으로부터 동남쪽으로 성읍을 모두 투항시키고 광릉에
이르러 모두 평정한 것을 이른다.

謂從下相以東南 盡降城邑 乃至廣陵 皆平定也

③ 郯公下邳 담공하비

정의 郯의 발음은 '담談'이다. 하비는 동해군의 현이다.

郯音談 東海縣

④ 平陽 평양

색은 안사고가 말했다. "이 평양平陽은 동군에 있다." 〈지리지〉에는 태
산군에 동평양현이 있다.

小顏云 此平陽在東郡 地理志太山有東平陽縣

정의 남평양현성은 지금 연주兖州 추현鄒縣이고 연주 동남쪽 62리에 있다. 살펴보니 추현은 서주 등현 영역까지 거리가 40여 리이다.

南平陽縣城 今兖州鄒縣也 在兖州東南六十二里 案 鄒縣去徐州滕縣界四十餘里也

⑤ 遂降彭城수항팽성

신주 팽성은 초나라 수도인데, 그곳마저 함락하지는 못했을 것이다. 그곳이 함락되었다면 유방이 항우와 홍구를 경계로 나누는 조약을 맺을 리 없다. 아마 관영 때문에 팽성이 위협당했다고 봐야 할 것이다. 위 문장에서 평정한 지역이 팽성 북쪽 일대인 점을 보면 그렇게 추측할 수 있다.

⑥ 苦譙호초

정의 苦譙의 발음은 '호초戶焦'이다.

戶焦二音

신주 두 현은 진陳과 팽성 사이에 있으며, 팽성의 서쪽이다. 동쪽과 서쪽 그리고 북쪽에서 포위된 항우가 갈 곳은 회수를 건너 남쪽으로 가는 길밖에 없다.

⑦ 復得亞將周蘭부득아장주란

신주 주란은 이전에 붙잡혔는데, 아마 탈출했다가 다시 붙잡힌 것으로 보인다. 그래서 문장에 '復' 자를 써서 나타냈다. 《사기지의》에 따르면 《한서》에는 '周蘭' 두 글자가 없다고 한다.

⑧ 頤鄉이향

서광이 말했다. "호현에 이향이 있다."

徐廣曰 苦縣有頤鄕

서광이 말했다. "호현에 이향이 있다." 頤의 발음은 '이[以之反]'이다.

徐廣云 苦縣有頤鄕 音以之反

항적(항우)이 패해서 해하를 떠나자, 관영은 어사대부로서 조서를 받아 병거와 기병을 거느리고 별도로 항적을 추격해 동성東城[1]에 이르러 쳐부수었다. 거느린 장졸들 5명이 함께 항적을 참수해서 모두 열후의 작위를 하사받았다. 좌우 사마 각 1명과 병졸 1만 2,000명을 항복시키고 항우 군대의 장수와 관리들을 모두 붙잡았다. 동성과 역양歷陽[2]을 함락했다.

강수를 건너 오군장吳郡長을 오吳 아래에서[3] 쳐부수고 오군 군수를 붙잡았으며 마침내 오군과 예장군과 회계군을 평정했다. 돌아와 회수 북쪽을 평정하였는데 모두 52개 현이었다. 한왕이 서서 황제가 되자, 관영에게 3,000호의 식읍을 더해 하사했다.

그해 가을, 거기장군車騎將軍으로서 고조를 따라 연왕 장도를 공격해 쳐부수었다. 다음 해, 고조를 따라 진陳에 이르러 초왕 한신을 체포했다. 돌아와 부절을 쪼개 받고 대대로 이어서 단절되지 않도록 했으며, 영음潁陰의 2,500호를 식읍으로 받고 영음후로 불렸다.

項籍敗垓下去也 嬰以御史大夫受詔將車騎別追項籍至東城[1] 破之 所將卒五人共斬項籍 皆賜爵列侯 降左右司馬各一人 卒萬二千人 盡得其軍將吏 下東城歷陽[2] 渡江 破吳郡長吳下[3] 得吳守 遂定吳豫章會稽

> 郡 還定淮北 凡五十二縣 漢王立爲皇帝 賜益嬰邑三千戶 其秋 以車騎
> 將軍從擊破燕王臧荼 明年 從至陳 取楚王信 還 剖符 世世勿絶 食潁陰
> 二千五百戶 號曰潁陰侯

① 東城동성

정의 현은 호주 정원현 동남쪽 55리에 있다.

縣在濠州定遠縣東南五十五里

② 歷陽역양

정의 화주 역양현은 곧 지금의 화주성이 이곳이다.

和州歷陽縣 卽今州城是也

③ 吳郡長吳下오군장오하

집해 여순이 말했다. "웅장雄長의 장長이다."

如淳曰 雄長之長也

색은 아래에 군수가 있으니 이 장長은 곧 현령이다. 여순이 웅장이라 여긴 것은 잘못되었다.

下有郡守 此長卽令也 如淳以爲雄長 非也

정의 지금 소주蘇州이다. 살펴보니 여순의 설명은 그른 것이다. 오군장은 곧 오군수이다. 오군장의 군사를 오성 아래에서 한 번 쳐부수고 오군수 자신이 붙잡힌 것이다.

今蘇州也 案 如說非也 吳郡長卽吳郡守也 一破吳郡長兵於吳城下而得吳郡守身也

거기장군으로서 고조를 따라 반역한 한왕 신을 대代에서 공격하고 마읍에 이르렀으며, 조서를 받고 별도로 누번의 북쪽 6개 현을 항복시키고 대代의 좌상을 참수했으며, 호인의 기병을 무천武泉[①] 북쪽에서 쳐부수었다. 다시 고조를 따라 한왕 신과 호인의 기병을 진양 아래에서 공격했으며, 거느린 장졸들은 호의 백제白題[②] 장수 1명을 참수했다.

조서를 받고 연燕과 조趙와 제齊와 양梁과 초楚의 병거와 기병을 합쳐 거느리고 호인의 기병들을 사석磆石[③]에서 공격해 쳐부수었다. 평성에 이르러 호인에게 포위되었다가 고조를 따라 돌아와 동원에 주둔했다.

以車騎將軍從擊反韓王信於代 至馬邑 受詔別降樓煩以北六縣 斬代左相 破胡騎於武泉[①]北 復從擊韓信胡騎晉陽下 所將卒斬胡白題[②]將一人 受詔幷將燕趙齊梁楚車騎 擊破胡騎於磆石[③] 至平城 爲胡所圍 從還軍東垣

① 武泉무천

[정의] 현 이름이다. 삭주 북쪽 220리에 있다.

縣名 在朔州北二百二十里

② 胡白題호백제

[집해] 복건이 말했다. "호胡의 명칭이다."

服虔曰 胡名也

③ 沙石사석

집해 복건이 말했다. "沙의 발음은 '사沙'이다."

服虔曰 沙音沙

색은 沙의 발음을 복건은 '사沙'라고 하고 유씨는 '촤[千臥反]'라고 했다.

服虔音沙 劉氏音千臥反

고조를 따라 진희를 공격하고 조서를 받고 별도로 진희의 승상 후
창侯敞의 군대를 곡역曲逆 아래에서 공격해 쳐부수고 마침내 후창侯
敞과 특장特將[①] 5명을 참수했다. 곡역과 노노盧奴와 상곡양上曲陽
과 안국安國과 안평安平[②]을 항복시켰다. 동원을 공격해 함락했다.

경포가 반역하자 거기장군으로서 맨 먼저 출동해 경포의 별장
을 상相에서 공격해 쳐부수고, 아장과 누번장 3명을 참수했다.
또 진격해서 경포의 상주국上柱國 군대와 대사마의 군대를 공격
해 쳐부수었다. 또 진격해서 경포의 별장別將 비주肥誅[③]를 쳐부
수었다.

관영은 몸소 좌사마 1명을 생포했고 거느린 장졸들은 경포의 소
장小將 10명을 참수하고, 달아나는 것을 추격해서[④] 회수 가까지
이르렀다. 식읍이 2,500호 늘었다. 경포가 격파되고 나서 고제는
돌아갔으며, 관영에게 명해서 영음의 5,000호를 식읍으로 정했
다. 지난날의 식읍은 없었다.

무릇 고조를 따라 2,000섬의 관리 2명을 붙잡았고, 별도로 16개
의 군대를 격파했으며, 46개 성을 항복시켰고 1개 국과 2개 군과

52개의 현을 평정했다. 장군 2명과 주국柱國과 상국 각각 1명과 2,000섬의 관리 10명을 생포했다.

從擊陳豨 受詔別攻豨丞相侯敞軍曲逆下 破之 卒斬敞及特將^①五人 降曲逆盧奴上曲陽安國安平^② 攻下東垣 黥布反 以車騎將軍先出 攻布別將於相 破之 斬亞將樓煩將三人 又進擊破布上柱國軍及大司馬軍 又進破布別將肥誅^③ 嬰身生得左司馬一人 所將卒斬其小將十人 追北^④至淮上 益食二千五百戶 布已破 高帝歸 定令嬰食穎陰五千戶 除前所食邑 凡從得二千石二人 別破軍十六 降城四十六 定國一 郡二 縣五十二 得將軍二人 柱國相國各一人 二千石十人

① 特특

│집해│ 문영이 말했다. "특일特一의 '특特'이다."

文穎曰 特一之特也

② 盧奴上曲陽安國安平노노상곡양안국안평

│정의│ 노노는 정주定州 안희현安喜縣이 맞다. 곡양은 정주 곡양현이 맞다. 안평은 정주 안평현이다.

盧奴 定州安喜縣是 曲陽 定州曲陽縣是 安平 定州安平縣

③ 肥誅비주

│집해│ 서광이 말했다. "다른 판본에는 '수鉄'로 되어 있다."

徐廣曰 一作鉄

│색은│ 살펴보니《한서》에는 '비수肥鉄'로 되어 있다.

案 漢書作肥銖

④ 追北추배

신주 이 '北' 자는 북쪽이 아니라 등을 보이고 달아난다는 뜻이다. '배背'와 뜻이 같다. 즉 패배敗北이다.

관영이 경포를 쳐부수고 돌아왔는데, 고제가 붕어했다. 관영은 열후로서 효혜제와 여태후를 섬겼다. 태후가 붕어하자 여록呂禄 등은 조왕趙王 신분으로 스스로 장군 자리를 만들고 장안에 주둔해서 난을 일으켰다. 제애왕齊哀王이 소식을 듣고 군사를 일으켜 서쪽으로 갔으며, 또 쳐들어가서 왕이 되는 데 합당하지 않은 자들을① 처단하려 했다.

상장군 여록 등이 이 소식을 듣고 이에 관영을 대장으로 삼아 군사를 거느리고 가서 공격하게 했다. 관영은 길을 나서 형양에 이르렀다가 이에 강후 주발 등과 모의하고, 이에 따라 군사를 형양에 눌러 앉힌 채, 제왕에게 여씨를 처단하겠다고 넌지시 일깨웠다.② 제나라 군대는 멈추고 전진하지 않았다.

강후 등이 여씨들을 처단하고 나자 제왕은 군사를 물리고 돌아갔으며, 관영도 군사를 물리고 형양으로부터 돌아와 강후와 진평 등과 함께 대왕代王을 세워 효문황제로 삼았다. 효문황제는 이에 관영에게 3,000호를 더 봉하고 황금 1,000근을 하사했으며③ 태위太尉에 제수했다.

嬰自破布歸 高帝崩 嬰以列侯事孝惠帝及呂太后 太后崩 呂祿等以趙
王自置爲將軍 軍長安 爲亂 齊哀王聞之 舉兵西 且入誅不當爲王者[1]
上將軍呂祿等聞之 乃遣嬰爲大將 將軍往擊之 嬰行至滎陽 乃與絳侯
等謀 因屯兵滎陽 風[2]齊王以誅呂氏事 齊兵止不前 絳侯等既誅諸呂 齊
王罷兵歸 嬰亦罷兵自滎陽歸 與絳侯陳平共立代王爲孝文皇帝 孝文皇
帝於是益封嬰三千戶 賜黃金千斤[3] 拜爲太尉

① 不當爲王者부당위왕자

신주 여록呂祿 형제들을 말한다.

② 風풍

정의 風의 발음은 '봉[方鳳反]'이다.

風 方鳳反

③ 賜黃金千斤사황금천근

신주 〈효문본기〉에는 황금 2,000근을 주었다고 한다.

3년 만에 강후 주발은 승상에서 면직되어 봉국으로 나아가고 관
영이 승상이 되었으며, 태위 관직은 폐지되었다. 이해 흉노가 대
대적으로 북지北地와 상군上郡으로 쳐들어왔다. 승상 관영에게
명해 기병 8만 5,000명을 거느리고 가서 흉노를 공격하도록 했다.

흉노가 물러가자 제북왕濟北王이 반역해 조서로 관영의 군사를 물러나게 했다.

한 해 남짓 뒤에 관영이 승상 신분으로 죽었는데 시호를 의후懿侯라고 했다. 아들인 평후平侯 관아灌阿가 후작을 이었다.[①] 28년 만에 관아가 죽고 아들 관강灌彊이 후작을 이었다. 13년 만에 관강이 죄가 있어서 2대 만에 단절되었다.

(무제) 원광元光 3년, 천자는 관영의 손자 관현灌賢을 임여후臨汝侯로 삼아 관씨의 후사를 잇게 했는데, 8년 만에 뇌물을 준 죄에 걸려 봉국이 없어졌다.

三歲 絳侯勃免相就國 嬰爲丞相 罷太尉官 是歲 匈奴大入北地上郡 令丞相嬰將騎八萬五千往擊匈奴 匈奴去 濟北王反 詔乃罷嬰之兵 後歲餘 嬰以丞相卒 諡曰懿侯 子平侯阿代侯[①] 二十八年卒 子彊代侯 十三年 彊有罪 絕二歲 元光三年 天子封灌嬰孫賢爲臨汝侯 續灌氏後 八歲 坐行賕有罪 國除

① 阿代侯아대후

신주 〈고조공신후자연표〉에는 이름을 하何라고 한다. 《한서》에도 마찬가지다. 여기 〈관영열전〉의 글자가 잘못된 것으로 보인다.

태사공은 말한다.

나는 풍豐과 패沛에 가서 그곳의 생존한 노인들에게 물어서 지난날에 소하, 조참, 번쾌, 등공의 집안을 살펴보았는데 그들이 평소에 행했던 일과는 들은 바와 달랐다. 바야흐로 그들이 칼을 휘둘러 개를 잡고 비단을 팔 때, 어찌 자신들이 천리마의 꼬리에 붙어서[1] 한나라 조정에 이름을 드리우고 덕을 자손들에게 흐르게 할 것을 알았겠는가. 나는 타광他廣과 사귀었는데,[2] 고조의 공신들이 일어날 때 이와 같았다고 말해 주었다.

太史公曰 吾適豐沛 問其遺老 觀故蕭曹樊噲滕公之家 及其素 異哉所聞 方其鼓刀屠狗賣繒之時 豈自知附驥之尾[1] 垂名漢廷 德流子孫哉 余與他廣通[2] 爲言高祖功臣之興時若此云

① 附驥之尾부기지미

신주 기驥는 천리마, 곧 군주를 뜻한다. 파리가 천리마의 꼬리에 붙어 1,000리를 갈 수 있는 것처럼 영웅이나 현자를 따라 입신양명하는 것을 이른다.

② 余與他廣通어여타광통

색은 살펴보니 타광他廣은 번쾌의 손자인데 뒤에 봉지를 잃었다. 대개 일찍이 태사공이 소하, 조참, 번쾌, 등공의 공로를 다 갖추어 서술한 것을 의아하게 여겼는데, 곧 타광으로부터 그 사건을 얻었으므로 갖추었으리라.

案 他廣 樊噲之孫 後失封 蓋嘗訝太史公序蕭曹樊滕之功悉具 則從他廣而得其事 故備也

사마정이 펼쳐서 밝히다.

성현이 영향을 끼치니 구름이 올라 용으로 변했다. 개를 잡고 비단을 팔았는데 성과 들녘에서 공격하고 싸웠다. 의를 부여잡고 서쪽에서 오르고 봉작을 받아 남면했다. 역황은 친구를 팔았고 무양후는 안에서 도왔다. 등공과 관영은 제왕을 바꾸었고 빛나는 자손은 번성했구나!

聖賢影響 雲蒸龍變 屠狗販繒 攻城野戰 扶義西上 受封南面 酈況賣交 舞陽內援 滕灌更王 奕葉繁衍

사기 제96권 史記卷九十六

장승상열전 張丞相列傳

```
┌─────────────────────────────────────────────────┐
│                                                 │
│   사기 제96권 장승상열전 제36                      │
│                                                 │
│   史記卷九十六 張丞相列傳第三十六                   │
│                                                 │
└─────────────────────────────────────────────────┘
```

신주 본 열전은 한漢나라 초기 황제를 보필하면서 명재상으로 이름을 떨친 장창張蒼, 신도가申屠嘉, 주창周昌, 임오任敖의 합전 형식의 열전이다. 어사대부로 마감한 장창의 전임자 주창周昌과 임오任敖, 그리고 문제文帝와 경제景帝(재위 서기전 156~서기전 141) 때의 승상에 올랐던 신도가申屠嘉의 행적을 기록하고 있다.

또 무제武帝에서 원제元帝 시기까지의 승상들에 관하여 기술하였는데, 차승상車承相을 비롯하여 광형匡衡에 이르는 10여 명을 간단하게 서술해 놓았다.

그런데 이 열전을 살펴보면 다른 열전과는 달리 특이한 서술방식이 나타나 있다.

첫째, 전반부와 후반부로 나누어져 있다. 전반부는 장창 등 4명의 명재상에 관해 기술하고, 후반부는 저소손褚少孫이 정화征和 이래에 승상을 지낸 자의 개략槪略을 써서 덧붙여 놓은 것이다.

둘째, 전반부의 앞부분에 문제文帝(재위 서기전 179~서기전 157) 때의 승상 장창張蒼이 어사대부에 이르는 과정을 기록하고, 이어 주창과 임오에 관하여 기록하고 있으며, 그 뒤에 장창이 승상이 되어 이룬 업적을 적고 있다.

이 때문에 실타래가 엉켜 있듯 문장이 일목요연하지 못하고 내용도 소략하여 이해하기가 난해하다. 왜 이렇게 서술한 것인지 의문이다.

셋째, 사마천이 《태사공자서》에서 "한漢나라가 창건되었을 당시 제도가 명확하지 않았는데 장창이 맡아서 도량형을 정비했고, 음률, 역법을 질서 있게 만들었다."라고 밝히고 있는데, 이는 나라를 운영함에 도량, 음률, 역법의 통일은 국가적 대사이고, 또 〈본기〉, 〈세가〉 등에 이와 관련한 기록이 많아서, 이를 토대로 삼는다면 내용이 풍성해야 하지만 매우 간략하게 처리하였고, 4정승의 생장과정도 단절적으로 서술하고 있다. 또 열전 후반부에 저소손이 사마천 사후에 정승들을 덧붙여서 서술한 것도 의아스럽다.

넷째, 〈본기〉, 〈세가〉에 이들과 관련한 기록이 많은 부분을 차지하고 있는 데에도 오히려 소략하고, 문장도 비루하여 사마천의 본뜻과는 차이가 있다.

이러한 점이 의문의 꼬리를 물게 하는데 이를 감안하여 〈장승상열전〉의 상황을 유추해 보면 사마천이 《태사공자서》에서 본 열전을 언급하고 있으니 후대에 가편加篇되었을 가능성은 적을 것이다. 그러나 순서가 뒤바뀌어 있는 것, 저소손이 덧붙여 놓은 후대 정승의 기록, 문장이 비루하고 사마천의 본뜻과 차이가 있는 점 등에서 사마천이 기술한 글이 많이 훼손되었거나 궐문闕文되어 저소손과 후대의 학자들이 가필했을 가능성이 높다고 여겨진다.

사형수에서 어사대부로

장승상 창蒼은 양무陽武[1] 사람이다. 율력律曆의 글을 좋아했다. 진나라 때 어사御史가 되어 주하柱下에서 사방의 문서[2]를 주관했다. 죄를 지어 도망쳐 고향으로 돌아왔다. 마침 패공沛公이 땅을 공략하면서 양무를 지나가는데 장창은 객客이 되어 패공을 따라 남양南陽을 공격했다.

장창이 법에 걸려 참형에 처해지게 되어 옷을 벗고 형틀에 엎드려 있는데[3] 신체가 장대하고 살결이 박 속같이 희었다. 때마침 왕릉王陵이 이를 보고 아름다운 사인士人이 형틀에 엎드려 있는 것을 괴상하게 여기서 패공에게 말해 참형하지 말고 사면하게 했다. 마침내 패공을 따라 서쪽 무관으로 들어가 함양咸陽에 이르렀다. 패공이 서서 한왕漢王이 되어 한중으로 들어갔다가 돌아와서 삼진三秦을 평정했다.

張丞相蒼者 陽武[1]人也 好書律曆 秦時爲御史 主柱下方書[2] 有罪 亡歸 及沛公略地過陽武 蒼以客從攻南陽 蒼坐法當斬 解衣伏質[3] 身長大 肥白如瓠 時王陵見而怪其美士 乃言沛公 赦勿斬 遂從西入武關 至咸陽 沛公立爲漢王 入漢中 還定三秦

① 陽武양무

[색은] 살펴보니 양무는 현 이름이고 진류군에 속한다.

案 縣名 屬陳留

[정의] 정주鄭州 양무현이다.

鄭州陽武縣也

② 柱下方書주하방서

[집해] 여순이 말했다. "방方은 판版이고 글을 쓰는 일이 판상版上에 있는 것을 이른다. 진나라 이상에서는 주하사柱下史를 설치했으며 장창張蒼은 어사御史가 되어 그 일을 주관했다. 어떤 이는 사방의 문서라고 했다."

如淳曰 方 版也 謂書事在版上者也 秦以上置柱下史 蒼爲御史 主其事 或曰四方文書

[색은] 주周와 진秦에는 모두 주하사가 있었는데 어사를 이른다. 관장하는 바는 항상 궁전 기둥의 아래에 있으면서 서서 모시는 것에 이른다. 그러므로 노자老子는 주나라의 주하사가 되었다. 지금 장창은 진나라 시대에 또한 이 직책에 있었다. 방서方書란, 여순은 네모진 판板으로 여겼으며 작은 일을 방方에 쓴다고 일렀다. 어떤 이는 사방의 문서를 주관한다고 했다. 요씨는 아래에서 "천하의 도서와 회계장부에 밝고 익숙하며, 군郡의 회계를 올리는 것을 주관한다."라고 주장했다. 그런즉 방方은 사방의 문서라 하는 것이 옳다.

周秦皆有柱下史 謂御史也 所掌及侍立恆在殿柱之下 故老子爲周柱下史 今蒼在秦代亦居斯職 方書者 如淳以爲方板 謂小事書之於方也 或曰主四方文書也 姚氏以爲下云 明習天下圖書計籍 主郡上計 則方爲四方文書是也

③ 伏質복질

색은 안사고가 말했다. "질質은 침椹(참형틀)이다."

小顔云 質 椹也

진여陳餘는 상산왕 장이張耳를 쳐서 달아나게 했으며, 장이는 한 나라에 귀순했다. 한나라는 장창을 상산군수로 삼았다. 회음후淮陰侯 한신을 따라 조나라를 공격하고 장창은 진여를 잡았다. 조나라 땅이 평정되고 나자 한왕은 장창을 대代의 재상으로 삼고 변방의 도적들을 대비하게 했다.

이윽고 옮겨서 조나라 재상이 되어 조왕 장이를 도왔다. 장이가 죽자 조왕 장오張敖의 재상이 되었다. 다시 옮겨서 대왕代王의 재상이 되었다. 연왕 장도가 반역하자, 고조가 가서 쳤으며 장창은 대의 재상으로 고조를 따라 장도를 공격하여 공로가 있었다. 한나라 6년 연간에 북평후北平侯에 봉해져서 1,200호를 식읍으로 받았다.

승진해서 계상計相①이 되어 1개월을 지내고 다시 열후로서 4년 동안 주계主計②가 되었다. 이때 소하가 상국相國이었는데, 장창은 진나라 때부터 주하사가 되어 천하의 도서와 회계장부에 밝고 익숙하며, 장창은 또 계산과 율력을 잘했으므로, 장창으로 하여금 열후의 자격으로 상국부에 머물면서 군국郡國에서 올리는 회계를 주관하여 맡도록 했다.

경포가 반역하고 망하게 되자, 한나라는 황자 장長을 세워 회남왕으로 삼고 장창을 그 재상으로 삼았다. 14년 만에 승진해서 어사대부御史大夫가 되었다.

陳餘擊走常山王張耳 耳歸漢 漢乃以張蒼爲常山守 從淮陰侯擊趙 蒼
得陳餘 趙地已平 漢王以蒼爲代相 備邊寇 已而徙爲趙相 相趙王耳 耳
卒 相趙王敖 復徙相代王 燕王臧荼反 高祖往擊之 蒼以代相從攻臧荼
有功 以六年中封爲北平侯 食邑千二百戶 遷爲計相^① 一月 更以列侯爲
主計^②四歲 是時蕭何爲相國 而張蒼乃自秦時爲柱下史 明習天下圖書
計籍 蒼又善用算律曆 故令蒼以列侯居相府 領主郡國上計者 黥布反
亡 漢立皇子長爲淮南王 而張蒼相之 十四年 遷爲御史大夫

① 計相계상

[집해] 문영이 말했다. "계산에 능숙하므로 계상計相이라고 부른다."

文穎曰 能計 故號曰計相

② 以列侯爲主計이열후위주계

[집해] 장안이 말했다. "열후 자격으로 군국의 회계장부를 맡아 검사한다."
여순이 말했다. "그 주관하는 바로 인하여 관직의 호칭으로 삼았으며 계상計相과 동일하다. 당시 갑자기 세운 것으로 오래도록 시행하지는 않았다."

張晏曰 以列侯典校郡國簿書 如淳曰 以其所主 因以爲官號 與計相同 時所卒
立 非久施也

[색은] 계상의 명칭을 고쳐 다시 주계主計로 이름한 것을 이른다. 이것은 대개 임시로 호칭을 세운 것이다.

謂改計相之名 更名主計也 此蓋權時立號也

조왕의 보호자 주창

주창周昌은 패현 사람이다. 그의 종형은 주가周苛이며 진나라 때 모두 사수군의 졸사卒史가 되었다. 고조가 패현에서 군사를 일으켜 사수군의 군수와 군감을 격파하기에 이르자, 이에 주창과 주가는 졸사 신분에서 패공을 따랐다. 패공은 주창을 직지職志[①]로 삼고, 주가를 객客[②]으로 삼았다.

패공을 따라 관중으로 들어가 진나라를 격파했다. 패공이 서서 한왕漢王이 되자 주가를 어사대부로 삼고 주창을 중위中尉로 삼았다.

周昌者 沛人也 其從兄曰周苛 秦時皆爲泗水卒史 及高祖起沛 擊破泗水守監 於是周昌周苛自卒史從沛公 沛公以周昌爲職志[①] 周苛爲客[②] 從入關 破秦 沛公立爲漢王 以周苛爲御史大夫 周昌爲中尉

① 職志직지

集解 서광이 말했다. "깃발의 종류를 주관한다."

徐廣曰 主旗幟之屬

관직 이름이다. 직職은 주관하는 것이다. 지志는 깃발이다. 깃발을 관장하는 관직을 이른다. 志의 발음은 '치[昌志反]'이다.

官名也 職 主也 志 旗幟也 謂掌旗幟之官也 音昌志反

② 客객

장안이 말했다. "장막 아래에서 빈객이 되어 관직을 맡지 않는 것이다."

張晏曰 爲帳下賓客 不掌官

한왕 4년,① 초나라가 한왕을 형양에서 포위해 위급해지자 한왕은 탈출해 도망쳐 나가면서 주가를 시켜 형양성을 수비하게 했다. 초나라는 형양성을 처부수고 주가를 장군으로 삼으려고 했다. 주가가 꾸짖었다.

"너는 신속하게 한왕에게 항복하라! 그렇지 않으면 지금 포로가 될 것이다."

항우가 노하여 주가를 삶아 죽이고,② 이에 주창을 어사대부에 제수했는데, 주창은 항상 한왕을 따라 항적을 격파했다.

6년 연간에 소하, 조참 등과 함께 봉해졌는데, 주창은 분음후汾陰侯에 봉해졌고 주가의 아들 주성周成은 아버지가 국가의 일로 죽었으므로 고경후高景侯에 봉해졌다.③

漢王四年① 楚圍漢王滎陽急 漢王遁出去 而使周苛守滎陽城 楚破滎陽城 欲令周苛將 苛罵曰 若趣降漢王 不然 今爲虜矣 項羽怒 亨周苛② 於

是乃拜周昌爲御史大夫 常從擊破項籍 以六年中與蕭曹等俱封 封周昌
爲汾陰侯 周苛子周成以父死事 封爲高景侯③

① 漢王四年한왕사년

신주 한나라 3년에 해당한다.

② 亨周苛팽주가

집해 서광이 말했다. "4년 3월이다."

徐廣曰 四年三月也

신주 亨의 발음은 '팽烹'이다.

③ 爲高景侯위고경후

집해 서광이 말했다. "9년에 봉해지고 봉해진 지 39년 만인 문제 후원
4년에 반역을 도모해 죽어서 봉국이 없어졌다."

徐廣曰 九年封 封三十九年 文帝後元四年謀反死 國除

주창은 사람됨이 힘이 세고 감히 곧은 말을 해서 소하와 조참 등
이 모두 그에게 낮추었다. 주창은 일찍이 주상이 한가한 때에 들
어가 일을 아뢰려고 하는데① 고제는 바야흐로 척희戚姬를 껴안
고 있었다. 주창은 돌아 나왔는데 고제가 쫓아와서 붙잡고 주창
의 목에 올라타고 물었다.

"나는 어떤 군주인가?"

주창이 올려보며 말했다.

"폐하는 곧 걸桀이나 주紂 같은 군주입니다."

이에 주상은 웃었지만, 더욱 주창을 어려워했다. 고제는 태자를 폐하고 척희의 아들 여의如意를 태자로 세우고자 했지만, 대신들이 굳세게 간쟁해서 그러지 못하고 주상은 유후留侯의 계책②을 중지했다. 그리고 주창과 조정의 간쟁이 강력하자 주상은 그의 설명을 물었다. 주창은 사람됨이 말을 더듬었는데 또 화가 치밀어서 말했다.

"신은 입으로 잘 말하지 못합니다. 그러나 신은 기…기… 그것이 불가하다는 것을 알고 있습니다.③ 폐하께서 비록 태자를 폐하고자 하더라도 신은 기…기… 조서를 받들지 않을 것입니다."

주상은 씩 웃고 말았다. 회의를 마치고 여후는 동쪽의 정전 옆방에서 귀를 기울여 듣고 있다가④ 주창을 보고 무릎을 꿇고 감사하며 말했다.

"그대가 아니었다면 태자는 거의⑤ 폐해졌을 것입니다."

昌爲人彊力 敢直言 自蕭曹等皆卑下之 昌嘗燕時入奏事① 高帝方擁戚姬 昌還走 高帝逐得 騎周昌項 問曰 我何如主也 昌仰曰 陛下卽桀紂之主也 於是上笑之 然尤憚周昌 及帝欲廢太子 而立戚姬子如意爲太子 大臣固爭之 莫能得 上以留侯策② 卽止 而周昌廷爭之彊 上問其說 昌爲人吃 又盛怒 曰 臣口不能言 然臣期期知其不可③ 陛下雖欲廢太子 臣期期不奉詔 上欣然而笑 旣罷 呂后側耳於東箱聽④ 見周昌 爲跪謝曰 微君 太子幾⑤廢

① 燕時入奏事연시입주사

集解 《한서음의》에서 말한다. "주상이 한가할 때 들어가 일을 아뢴 것이다."

漢書音義曰 以上燕時入奏事

② 留侯策유후책

新注 한고조가 척부인을 총애하여 여후의 아들 유영劉盈을 폐태자하고 척부인의 아들 유여의劉如意를 태자로 세우려 했다. 이에 여후가 여택에게 장량을 찾아가 이 문제를 논의하고 계책을 묻게 하니 장량의 '황제께서 상산사호商山四皓를 무척 흠모하시니 그분들을 찾아가 보면 해결할 길이 있을 것이다.'라는 말에 상산사호를 찾아가 청하여 그 네 사람을 태자의 상빈上賓으로 모심으로써 이들의 간언으로 이 문제를 중지하게 한 것이다. 상산사호는 진시황秦始皇 때 난리를 피해 상산商山에 은거한 네 사람으로, 동원공東園公, 기리계綺里季, 하황공夏黃公, 녹리 선생角里先生을 가리킨다. 모두 수염과 눈썹이 흰 노인이었기 때문에 사호四皓라고 불렀다.

③ 臣期期知其不可신기기지기불가

正義 주창이 말을 더듬어 말할 때마다 거듭해서 '기期…기期…'라고 말한다는 것이다.

昌以口吃 每語故重言期期也

④ 側耳於東箱聽측이어동상청

集解 위소가 말했다. "궁전의 동쪽 당堂이다."

韋昭曰 殿東堂也

위소가 말했다. "궁전의 동쪽 당이다." 안사고가 말했다. "정침 正寢의 동서에 있는 실실로 모두 상箱이라고 부르며 상자와 모양이 비슷하다는 말이다."

韋昭曰 殿東堂也 小顔云 正寢之東西室 皆號曰箱 言似箱篋之形

⑤ 幾기

幾의 발음은 '긔[鉅依反]'이다.

幾 鉅依反

이 뒤로 척희의 아들 여의如意를 조왕으로 삼았는데 나이가 10세였다. 고조는 자신이 죽은 뒤에 여의가 온전하지 못할까 봐 근심했다. (그즈음) 조요趙堯는 나이가 어렸지만 부새어사符璽御史가 되었다. 조나라 사람 방여공方與公[1]이 어사대부 주창에게 말했다.

"군君의 어사 조요는 나이가 비록 어리지만 기특한 재주가 있으니 군께서는 반드시 남달리 대우하십시오. 이 청년은 군君의 자리를 대신할 것입니다."

주창이 웃으면서 말했다.

"조요는 나이가 어리고 도필刀筆을 맡은 관리일 뿐이다.[2] 어찌 이에 이를 수 있겠는가?"

얼마쯤 지나자 조요가 고조를 모시게 되었다. 고조는 홀로 마음이 즐겁지 않아 슬프게 노래했는데, 여러 신하는 주상이 그러는 까닭을 알지 못했다.

是後戚姬子如意爲趙王 年十歲 高祖憂卽萬歲之後不全也 趙堯年少
爲符璽御史 趙人方與公^①謂御史大夫周昌曰 君之史趙堯 年雖少 然奇
才也 君必異之 是且代君之位 周昌笑曰 堯年少 刀筆吏耳^② 何能至是
乎 居頃之 趙堯侍高祖 高祖獨心不樂 悲歌 群臣不知上之所以然

① 方與公방여공

집해 맹강이 말했다. "방여는 현 이름이다. 공公은 그의 호칭이다." 신찬
이 말했다. "방여현령이다."

孟康曰 方與 縣名 公 其號 瓚曰 方與縣令也

② 刀筆吏耳도필리이

정의 옛날에는 간독簡牘(죽간과 목간)을 사용해 글에 착오가 있으면 칼로
삭제했다. 그러므로 도필리刀筆吏라고 불렀다.

古用簡牘 書有錯謬 以刀削之 故號曰刀筆吏

조요가 나아가 청해 물었다.

"폐하께서 즐겁지 않으신 것은 조왕이 나이가 어리고 척부인과
여후는 틈이 있으며, 만세 뒤를 대비하셨지만 조왕 스스로 온전
하지 못하기 때문이 아닙니까?"

고조가 말했다.

"그렇다. 내 개인적으로 걱정하지만, 계책을 낼 바를 모르겠구나.^①"

조요가 말했다.

"폐하께서는 오직 마땅히 조왕을 위해 귀하고 강력한 재상을 두시되, 여후와 태자 및 모든 신하에 이르기까지 평소 공경하고 어려워할 자로 하시면 좋을 것입니다."

고조가 말했다.

"그렇다. 나도 이같이 하고 싶은데 여러 신하 중에서 누가 좋겠느냐?"

조요가 말했다.

"어사대부 주창입니다. 그는 사람됨이 군세고 참을성이 있으며 본바탕이 곧고 또 여후나 태자부터 대신들에 이르기까지 모두 평소 공경하고 어려워합니다. 오직 주창이 좋습니다."

趙堯進請問曰 陛下所爲不樂 非爲趙王年少而戚夫人與呂后有卻邪 備萬歲之後而趙王不能自全乎 高祖曰 然 吾私憂之 不知所出^① 堯曰 陛下獨宜爲趙王置貴彊相 及呂后太子群臣素所敬憚乃可 高祖曰 然 吾念之欲如是 而群臣誰可者 堯曰 御史大夫周昌 其人堅忍質直 且自呂后太子及大臣皆素敬憚之 獨昌可

① 不知所出부지소출

색은 그 계책이 나올 바를 알지 못한다는 것을 이른다.

謂不知其計所出也

고조가 말했다.

"좋다."

이에 주창을 불러서 말했다.

"나는 진실로 공을 번거롭게 하고자 하니 공은 억지로라도 나를 위해 조왕의 재상이 되어 주시오.[①]"

주창이 울면서 말했다.

"신은 처음 일어났을 때부터 폐하를 따랐는데 폐하께서는 유독 어찌 중도에 제후들을 버리려고 하십니까?"

고조가 말했다.

"나는 그것이 좌천左遷[②]인 것을 잘 알고 있소. 그러나 내가 사사로이 조왕을 걱정하는데 생각해보니 공이 아니면 할 만한 자가 없소. 공은 부득이하게 억지로라도 가주시오."

高祖曰 善 於是乃召周昌 謂曰 吾欲固煩公 公彊爲我相趙王[①] 周昌泣曰 臣初起從陛下 陛下獨奈何中道而棄之於諸侯乎 高祖曰 吾極知其左遷[②] 然吾私憂趙王 念非公無可者 公不得已彊行

---

① 相趙王상조왕

정의 환담의 《신론》에서 말한다. "주창을 조나라 재상으로 삼았지만, 여후 집안의 딸을 취해 비妃로 삼고 척부인으로 하여금 여후를 잘 섬기게 하여 여의如意가 죽지 않게 하는 것만 못했다."

桓譚新論云 使周相趙 不如使取呂后家女爲妃 令戚夫人善事呂后 則如意無斃也

② 左遷좌천

살펴보니《한서》〈제후왕표〉에 좌관左官의 율律이 있다. 위소는 "좌는 내리는 것과 같고, 내려가 제후왕에게 벼슬하면 금하여 얻지 못하게 한다."고 했다. 그래서 땅의 도는 오른쪽을 높이니, 우右는 귀하고 좌左는 천한 것이다. 그러므로 벼슬을 낮추는 것을 좌천이라고 한다. 다른 것 모두 이런 종류이다.

按 諸侯王表有左官之律 韋昭以爲 左猶下也 禁不得下仕於諸侯王也 然地道尊右 右貴左賤 故謂貶秩爲左遷 他皆類此

이에 어사대부 주창을 옮겨서 조나라 재상으로 삼았다. 한참 지나서 고조는 어사대부의 인장을 가지고 어루만지면서 말했다.

"누구를 어사대부로 삼는 것이 좋을까?"

조요를 뚫어지게 바라보면서 말했다.

"조요보다 쉬울 리는 없을 것이다."

마침내 조요를 어사대부에 제수했다.[1] 조요도 지난날 군사의 공로가 있어 식읍이 있었다. 어사대부 신분으로 고조를 따라 진희를 쳐서 공로가 있어, 봉해져 강읍후江邑侯가 되었다.[2]

於是徙御史大夫周昌爲趙相 旣行久之 高祖持御史大夫印弄之 曰 誰可以爲御史大夫者 孰視趙堯 曰 無以易堯 遂拜趙堯爲御史大夫[1] 堯亦前有軍功食邑 及以御史大夫從擊陳豨有功 封爲江邑侯[2]

---

① 趙堯爲御史大夫조요위어사대부

집해 서광이 말했다. "10년이다."

徐廣曰 十年也

② 爲江邑侯위강읍후

집해 서광이 말했다. "11년에 봉해졌다."

徐廣曰 十一年〔封〕

고조가 붕어하자 여태후가 사신을 시켜 조왕을 불렀는데 그의 재상 주창이 왕으로 하여금 병이 있다고 핑계 대고 가지 못하게 했다. 사신이 세 번 오갔으나 주창은 굳세게 조왕을 보내지 않았다. 이에 고후는 근심하고 이에 사신을 시켜 주창을 불렀다. 주창이 이르러 고후를 배알했다. 고후는 노하여 주창을 꾸짖었다.

"너는 내가 척씨를 원망하는 것을 모르느냐? 그런데 조왕을 보내지 않는 것은 무엇 때문인가?"

주창이 불려가고 나서 고후는 사신을 시켜 조왕을 불렀는데, 조왕이 과연 왔다. 조왕이 장안에 이른 지 한 달 남짓 되어 독약을 마시고 죽었다. 주창이 이에 따라 병으로 사직하고 조회에 나오지 않은 지 3년 만에 죽었다.①

5년 뒤에② 고후는 어사대부인 강읍후 조요가 고조 때 조왕 여의의 계책을 정했다는 소문을 듣고 이에 조요에게 상응하는 벌을 내리고③ 광아후廣阿侯 임오任敖를 어사대부로 삼았다.

高祖崩 呂太后使使召趙王 其相周昌令王稱疾不行 使者三反 周昌固

爲不遣趙王 於是高后患之 乃使使召周昌 周昌至 謁高后 高后怒而罵

周昌曰 爾不知我之怨戚氏乎 而不遣趙王 何 昌旣徵 高后使使召趙王

趙王果來 至長安月餘 飲藥而死 周昌因謝病不朝見 三歲而死^① 後五

歲^② 高后聞御史大夫江邑侯趙堯高祖時定趙王如意之畫 乃抵堯罪^③

以廣阿侯任敖爲御史大夫

① 三歲而死삼세이사

집해 서광이 말했다. "시호는 도도이다."

徐廣曰 謚悼也

색은 살펴보니《한서》〈주창전〉과〈공신표〉에는 모두 주창의 시호를
도도라고 했다. 위소는 "어떤 이는 시호를 혜惠라고 했다."라고 하는데 잘
못되었다.《한서》에서 또 말한다. "아들에게 전해지고 손자 주의周意에
이르러 죄를 지어 봉국이 없어졌다. 경제는 다시 주창의 손자 주좌거周左
車를 봉해 안양후安陽侯로 삼았는데 죄를 지어 봉국이 없어졌다."

按 漢書列傳及表咸言周昌謚悼 韋昭云 或謚惠 非也 漢書又曰 傳子至孫意 有
罪 國除 景帝復封昌孫左車爲安陽侯 有罪 國除

신주 〈고조공신후자연표〉에 따르면, 주창의 아들 주개방周開方에 이르
러, 혜제 4년에 봉국을 건평建平으로 바꾸어 봉했다.

② 後五歲후오세

정의 고후의 해이다.

高后之年

③ 抵堯罪저요죄

[집해] 서광이 말했다. "여후 원년에 봉국이 없어졌다."

徐廣曰 呂后元年 國除

승상 장창의 업적

임오任敖는 옛 패현의 옥리였다. 고조가 일찍이 관리를 피해 도망 다닐 때[1] 관리가 여후呂后를 잡아다 옥에 가두고 좋지 않게 대우했다. 임오는 평소 고조와 친했는데, 노여워서 여후를 맡은 관리를 때려 상처를 입혔다.

고조가 처음으로 군사를 일으켰을 때 임오는 객으로 고조를 따라 어사가 되었으며 풍 땅을 2년이나 지켰다. 고조가 서서 한왕이 되어 동쪽으로 항적을 공격하자, 임오는 승진해서 상당군수가 되었다. 진희가 반역했을 때, 임오는 군게 지켰고 광아후廣阿侯에 봉해져 1,800호를 식읍으로 받았다.

고후 때는 어사대부가 되었다. 3년 만에 면직되고[2] 평양후平陽侯 조굴曹窟을 어사대부로 삼았다. 고후가 붕어하자 대신들과 모의해서 함께 여록 등을 처단했다. 그가 면직되자, 회남국 재상 장창을 어사대부로 삼았다.

任敖者 故沛獄吏 高祖嘗辟[1]吏 吏繫呂后 遇之不謹 任敖素善高祖 怒
擊傷主呂后吏 及高祖初起 敖以客從爲御史 守豐二歲 高祖立爲漢王
東擊項籍 敖遷爲上黨守 陳豨反時 敖堅守 封爲廣阿侯 食千八百戶

> 高后時爲御史大夫 三歲免^② 以平陽侯曹窋爲御史大夫 高后崩 (不)與
> 大臣共誅呂祿等 免 以淮南相張蒼爲御史大夫

① 辟피

[정의] 辟의 발음은 '피避'이다.

辟音避

② 三歲免삼세면

[집해] 서광이 말했다. "문제 2년 임오가 죽었으니 시호는 의후懿侯이다.
증손 월인越人은 원정 2년에 태상太常이 되었지만 (종묘의) 술을 쉬게 한 죄
에 걸려 봉국이 없어졌다." 살펴보니 《한서》에는 임오는 효문제 원년에
죽었다고 했으니 서광이 잘못했다.

徐廣曰 文帝二年 任敖卒 諡懿侯 曾孫越人 元鼎二年爲太常 坐酒酸 國除 駰案
漢書任敖孝文元年薨 徐誤也

[색은] 이곳에서 서광은 《한서》에 의거해 설명했는데 '2년'이라고 잘못
말했다. 배인은 또 임안의 글을 인용해 증명하여 그 진실을 얻었다.

此徐氏據漢書爲說 而誤云二年 裴駰又引任安書證 爲得其實

[정의] 살펴보니 《사기》〈고조공신후자연표〉에는 효문제 2년에 졸했다
고 썼고, 《한서》〈공신표〉에는 또 봉한 지 19년만에 죽었다고 했으니 고
조 11년에 봉한 것을 계산하면 문제 2년에는 19년만이다. 《한서》에 잘못
되어 있는 것을 배인이 고려하지 않았고 이에 서광이 잘못했다고 하였으
니, 어찌 두 번이나 잘못했는가!

按 史記書表云孝文二年卒 漢表又云封十九年卒 計高祖十一年封 到文帝二年

則十九年矣 而漢書誤 裴氏不考 乃云徐誤 何其貳過也

장창은 강후 주발 등과 함께 대왕代王을 높여 세워 효문황제로 삼았다. 4년에 승상 관영이 죽고 장창이 승상이 되었다. 한나라가 일어나고부터 효문황제까지는 20여 년이었다. 때마침 천하는 처음으로 안정되고 장군과 재상과 공경 들은 모두 군리軍吏 출신이었다.

장창은 계상이었을 때 율력律曆을 탐구해서[①] 바로잡았다. 고조는 10월에 처음으로 패상霸上에 이르렀기에 따라서 옛 진나라 때 본래 10월로 세수歲首를 삼은 것을 바꾸지 않았다.[②] 이에 오덕五德의 운수를 미루어 한나라는 수덕水德의 시대에 해당하는 것으로 여겨서 흑색黑色을 높이는 것을 옛날과 같게 했다.[③]

율律을 불어서 음악을 조정하고 음성音聲을 넣어 아울러 비율대로 율령을 정하였다.[④] 온갖 규격을 같게 하여 천하에서 품질이 고르게 했다.[⑤] 승상이 되어서 마침내 성취했다. 그러므로 한漢나라에서 율력을 말하는 자는 장창張蒼을 근본으로 여겼다. 장창은 본래 글 읽는 것을 좋아해서 보지 않는 것이 없었고 통하지 않는 것이 없었으며, 율력은 더욱 잘했다.[⑥]

蒼與絳侯等尊立代王爲孝文皇帝 四年 丞相灌嬰卒 張蒼爲丞相 自漢興至孝文二十餘年 會天下初定 將相公卿皆軍吏 張蒼爲計相時 緒[①]正律曆 以高祖十月始至霸上 因故秦時本以十月爲歲首 弗革[②] 推五德之運 以爲漢當水德之時 尙黑如故[③] 吹律調樂 入之音聲 及以比定律令[④]

> 若百工 天下作程品⑤ 至於爲丞相 卒就之 故漢家言律曆者 本之張蒼
> 蒼本好書 無所不觀 無所不通 而尤善律曆⑥

① 緒서

집해 문영이 말했다. "서緒는 찾는 것이다. 어떤 이는 서緒를 '업業'이라
고 했다."

文穎曰 緒 尋也 或曰緒 業也

② 弗革불혁

신주 진秦나라는 전욱력의 해월亥月(10월)을 정월로 삼았고, 한나라도
처음에는 이 역법을 따랐다가 무제 원봉 7년(서기전 104년)에 하나라의 책력
을 복원하여 음력 1월을 정월로, 동짓달을 11월로 했다. 이것이 곧 태초
력이다. 그래서 전욱력은 진나라부터 전한 원봉 6년(서기전 105년)까지 사용
된 태음태양력 계열의 역법이다. 따라서 이때 계절의 순서는 '겨울-봄-
여름-가을'로 겨울이 연초이다.

③ 尙黑如故상흑여고

정의 요찰이 말했다. "장창은 진秦나라 사람이라 오승五勝의 법을 미
루어, 주周나라는 적오赤烏를 화火로 여기고 한나라는 수水로써 화火를
이긴다고 여겨 사용한 것과 같다."

姚察云 蒼是秦人 猶用推五勝之法 以周赤烏爲火 漢勝火以水也

④ 比定律令비정률령

집해 여순이 말했다. "비比는 오음五音의 청탁淸濁이 각각 견주는 바가 있는 것을 이른다. 12개월 율律의 법령을 악관樂官에게 정하도록 시켜 길이 행해지게 한 것이다." 신찬이 말했다. "옛것에 비교해 비슷함을 취해서 법률과 조령條令을 정한 것을 이른다."

如淳曰 比謂五音淸濁各有所比也 以定十二月律之法令於樂官 使長行之 瓚曰 謂以比故取類 以定法律與條令也

정의 比의 발음은 '비鼻'이고 혹자는 比의 발음을 '피[必履反]'라 하며, 사방에 견주는 것을 이른다.

比音鼻 或音必履反 謂比方也

⑤ 若百工 天下作程品약백공 천하작정품

집해 여순이 말했다. "약若은 순順이다. 온갖 공인들이 기물을 만들면 모두 치수를 재는 자와 무게를 다는 저울을 가지는데, 모두 알맞음을 얻어 사용하는 것이다. 이것을 일러 순順이라 한다." 진작이 말했다. "약若은 미리 미친다는 말이다."

如淳曰 若 順也 百工爲器物皆有尺寸斤兩 皆使得宜 此之謂順 晉灼曰 若 預及之辭

색은 살펴보니 진작은 "약若은 미리 미친다는 말이다."라고 설명했는데, 뜻을 얻었다.

按 晉灼說以爲 若預及之辭 爲得也

신주 옛 주석들은 복잡하게 설명하고 있다. 백공百工은 곧 물건의 치수와 무게와 양을 재는 온갖 규격이며, 약若은 그것을 같게 한다는 단순한 말이다.

⑥ 蒼本好書~善律曆창본호서~선율력

[집해] 《한서》에서 말한다. "장창의 저서는 18편이며 음양과 율력의 일을 말했다."

漢書曰 著書十八篇 言陰陽律曆事

장창은 왕릉王陵을 은덕으로 여겼다. 왕릉은 안국후安國侯이다.①
장창은 귀해지자 항상 왕릉을 아버지같이 섬겼다. 왕릉이 죽은 뒤에 장창은 승상이 되었는데, 목욕을 하고 머리를 감고 항상 맨 먼저 아침에 왕릉의 부인에게 식사를 올리고 난 후에야 집으로 돌아갔다.

장창이 승상이 된 지 10여 년에 노나라 사람 공손신公孫臣이 글을 올려서, 한나라는 토덕土德의 시대이고 그 상서로 황룡이 당연히 나타날 것이라고 말했다. 조서를 내려서 그것을 장창에게 의논하게 했는데 장창은 옳지 않다고 여겨서 물리쳤다. 그 뒤에 황룡이 성기成紀에서 나타나자, 이에 문제가 공손신을 불러서 박사博士로 삼고 토덕의 역법제도를 초안하게 하고 원년을 바꾸었다.②

장승상은 이러한 이유로 스스로 물러나 병을 핑계 대며 자신은 늙었다고 일컬었다. 장창이 어떤 사람을 보증해 중후中候로 삼았는데③ 크게 간사한 수단으로 이익을 챙기자 주상은 장창을 꾸짖었다. 장창은 마침내 병으로 면직되었다. 장창은 승상이 된 지 15년 만에 면직되었다.

> 張蒼德王陵 王陵者 安國侯也① 及蒼貴 常父事王陵 陵死後 蒼爲丞相
> 洗沐 常先朝陵夫人上食 然后敢歸家 蒼爲丞相十餘年 魯人公孫臣上
> 書言漢土德時 其符有黃龍當見 詔下其議張蒼 張蒼以爲非是 罷之 其
> 後黃龍見成紀 於是文帝召公孫臣以爲博士 草土德之曆制度 更元年②
> 張丞相由此自絀 謝病稱老 蒼任人爲中侯③ 大爲姦利 上以讓蒼 蒼遂病
> 免 蒼爲丞相十五歲而免

① 王陵者 安國侯也왕릉자 안국후야

신주 왕릉은 혜제 때 우승상이 되었다가 여태후에게 미움을 받아 쫓
겨나다시피 하여 죽었다. 행적은 〈진승상세가〉에 있다.

② 更元年갱원년

신주 문제 후원년을 말한다. 서기전 163년이다.

③ 蒼任人爲中侯창임인위중후

집해 장안이 말했다. "선발해 보증해서 임명한 것이다." 신찬이 말했
다. "중후中侯는 관직 이름이다."
張晏曰 所選保任者也 瓚曰 中侯 官名

> 경제 전5년에 장창이 죽어 시호를 문후文侯라고 했다. 아들 강후
> 康侯가 대를 이었고 8년 만에 죽었다. 강후의 아들 류類①가 대신해

후작이 되고 8년 뒤에 제후의 상喪에 임하여 뒤늦게 자리에 나아
간 불경죄에 걸려 봉국이 없어졌다.②

애초에 장창 아버지의 키는 5자[尺]도 되지 못했다. 장창을 낳았는
데, 장창은 키가 8자 남짓 되었으며 제후와 승상이 되었다. 장창
의 아들도 컸다.③ 손자 류類에 이르자 키가 6자 남짓 되었고 법에
걸려서 제후 자리를 잃었다.

장창은 재상에서 면직된 뒤에는 늙어서 입안에 이가 없어 젖을 먹
었는데 (젊은) 여자를 유모로 삼았다. 아내와 첩이 100명이었는데
일찍이 임신한 자는 다시 총애하지 않았다. 장창은 100여 세를 넘
기고 죽었다.

孝景前五年 蒼卒 諡爲文侯 子康侯代 八年卒 子類①代爲侯 八年 坐臨
諸侯喪後就位不敬 國除② 初 張蒼父長不滿五尺 及生蒼 蒼長八尺餘
爲侯丞相 蒼子復長③ 及孫類 長六尺餘 坐法失侯 蒼之免相後 老 口中
無齒 食乳 女子爲乳母 妻妾以百數 嘗孕者不復幸 蒼年百有餘歲而卒

① 類류

집해 서광이 말했다. "다른 판본에는 '외顡'로 되어 있다. 類의 발음은
'유賾'이다."

徐廣曰 一作顡 音賾

② 國除국제

색은 살펴보니 《한서》에는 아들에게 전해지고 손자 임의任毅에 이르러
죄를 지어서 봉국이 없어졌다고 일렀는데 지금 이곳에는 강후康侯가 대신

하고 8년에 죽었으며 아들 임류任類가 후작을 대신했다고 일렀으니 류類는
곧 의毅이다. 《한서》와 대략 동일하다.

案 漢書云傳子至孫毅有罪 國除 今此云康侯代 八年卒 子類代侯 則類卽毅也
與漢書略同

신주 〈고조공신후자연표〉에는 아들 강후 이름을 봉奉, 손자 이름을 예預
라 했다.

③ 蒼子復長창자부장

집해 《한서》에는 신장이 8자[尺]라고 일렀다.

漢書云長八尺

장찬의 후임 신도가

신도 승상 가嘉(신도가)는 양梁나라 사람이며, 재관材官으로서 쇠뇌를 밟고 잘 당겨서① 고조를 따라 항적을 쳤으며 승진하여 대솔隊率②이 되었다. 고조를 따라 경포의 군대를 공격하여 도위都尉가 되었다. 효혜제 때 회양군수가 되었다.

효문제 원년, 고리故吏③로서 2,000섬의 벼슬을 하며 고황제를 따른 자들을 추천하여 모두 관내후로 삼아 24명에게 식읍을 주었는데, 신도가도 500호의 식읍을 받았다. 장창은 이미 승상이 되었고 신도가는 승진해서 어사대부가 되었다. 장창이 승상에서 면직되자④ 효문제는 황후의 아우 두광국竇廣國을 승상으로 삼으려고 하면서 말했다.

"아마 천하에서는 내가 광국을 사사롭게 대했다고 할 것이오."

두광국은 현명하고 행실이 있었다. 그러므로 승상으로 삼고자 했으나 오래도록 생각하고 실행하지 못했다. 그리고 고제 때 대신들은 또 모두 죽은 자가 많았으며 나머지는 등용할 만한 자가 없었다. 이에 어사대부 신도가를 승상으로 삼고 옛 읍을 따라서 봉해 고안후故安侯⑤로 삼았다.

申屠丞相嘉者 梁人 以材官蹶張^①從高帝擊項籍 遷爲隊率^② 從擊黥布軍 爲都尉 孝惠時 爲淮陽守 孝文帝元年 舉故吏^③士二千石從高皇帝者 悉以爲關內侯 食邑二十四人 而申屠嘉食邑五百戶 張蒼已爲丞相 嘉遷爲御史大夫 張蒼免相^④ 孝文帝欲用皇后弟竇廣國爲丞相 曰 恐天下以吾私廣國 廣國賢有行 故欲相之 念久之不可 而高帝時大臣又皆多死 餘見無可者 乃以御史大夫嘉爲丞相 因故邑封爲故安侯^⑤

① 材官蹶張재관궐장

집해 서광이 말했다. "용감하고 건장하여 (활을) 당기는 재력이 있다."
살펴보니 여순이 말했다. "재관은 힘이 많아 강한 쇠뇌를 밟고 당길 수 있으므로 궐장蹶張이라 한다. 율律에는 궐장사蹶張士가 있다."
徐廣曰 勇健有材力開張 駰案 如淳曰 材官之多力 能腳蹋強弩張之 故曰蹶張 律有蹶張士

색은 맹강이 말했다. "강한 쇠뇌를 주관해서 당긴다." 또 여순이 말했다. "재관은 힘이 세어 강한 쇠뇌를 발로 밟고 당길 수 있으므로 궐장이라 한다." 蹶의 발음은 '궐[其月反]'이다. 한령漢令에서 궐장사 100명이 있다고 한 것이 이것이다.
孟康云 主張強弩 又如淳曰 材官之多力 能蹋強弩張之 故曰蹶張 蹶音其月反 漢令有蹶張士百人是也

② 隊率대솔

색은 率의 발음은 '슈[所類反]'이다.

所類反

③ 故吏고리

신주 상사上司에 연계되어 나아가고 물러나며 심지어는 생사까지도 함께하는 관리를 가리킨다. 여기서는 유방을 따랐다가 벼슬하던 사람을 가리킨다.

④ 免相면상

집해 서광이 말했다. "후2년 8월이다."

徐廣曰 後二年八月

⑤ 故安侯고안후

정의 지금 이주易州 영역인 무양성 안 동남쪽 모퉁이의 옛 성이 이곳이다.

今易州界武陽城中東南隅故城是也

신도가는 사람됨이 청렴하고 강직했으며 집안에서는 사사로운 배알을 받지 않았다. 이때 태중대부 등통鄧通①이 바야흐로 성대한 총애를 받고 상으로 하사받은 것도 수만금이 쌓였다. 문제文帝는 일찍이 등통의 집에서 연회를 열었는데, 그를 총애하는 것이 이와 같았다. 이때 승상이 조회에 들었는데, 등통은 주상 곁에 있으면서 승상에 대한 예를 태만하게 했다. 승상이 업무에 대한 보고를

다 마치고 이어 말했다.

"폐하께서 총애하는 신하를 아껴서 부하고 귀하게 했습니다. 조정의 예는 엄숙하게 하지 않을 수 없습니다."

주상이 말했다.

"군君께서는 말하지 마시오. 내가 사사로이 하고 있소."

조회가 파하자 승상부에 앉아서 신도가는 격문을 만들고 등통을 불러 승상부로 이르게 했는데, 오지 않자 또 등통을 참수하려고 했다. 등통이 두려워하고 들어가 문제에게 말했다. 문제가 말했다.

"너는 잠시 가거라. 내가 방금 사람을 시켜 너를 부르겠다."

嘉爲人廉直 門不受私謁 是時太中大夫鄧通①方隆愛幸 賞賜累巨萬 文帝嘗燕飲通家 其寵如是 是時丞相入朝 而通居上傍 有怠慢之禮 丞相奏事畢 因言曰 陛下愛幸臣 則富貴之 至於朝廷之禮 不可以不肅 上曰 君勿言 吾私之 罷朝坐府中 嘉爲檄召鄧通詣丞相府 不來 且斬通 通恐入言文帝 文帝曰 汝第往 吾今使人召若

① 鄧通등통

신주 문제가 거의 남색男色으로 아끼던 신하이며, 그 행적은 〈영행열전〉에 있다.

등통은 승상부에 이르러 관을 벗고 맨발로 나와 머리를 조아리고 사죄했다. 신도가는 앉아서 태연한 척하면서 일부러 예를 표하지도 않고 꾸짖었다.

"대저 조정이란 고황제의 조정이다. 너는 하찮은 신하로서 전상殿上에서 희롱하고 크게 불경스러웠다. 참수함이 마땅하니 관리는 지금 참수를 시행하라.①"

등통은 머리를 조아리고 머리에서는 모두 피가 흘러내렸으나 풀어주지 않았다.

문제는 승상이 이미 등통을 곤욕스럽게 했을 것이라고 헤아리고 사신에게 부절을 들려 보내서 등통을 부르고 승상에게 청해서 말하게 했다.

"이 등통은 나의 노리개 신하이니 군君께서는 놓아주시오."

등통은 궁중에 이르자 문제에게 울면서 말했다.

"승상이 거의 신을 죽일 뻔했습니다."

通至丞相府 免冠 徒跣 頓首謝 嘉坐自如 故不爲禮 責曰 夫朝廷者 高皇帝之朝廷也 通小臣 戲殿上 大不敬 當斬 吏今行斬之① 通頓首 首盡出血 不解 文帝度丞相已困通 使使者持節召通 而謝丞相曰 此吾弄臣 君釋之 鄧通旣至 爲文帝泣曰 丞相幾殺臣

① 吏今行斬之리금행참지

집해 여순이 말했다. "신도가가 그의 관리에게 '지금 곧장 참수를 시행하라.'라고 말한 것이다."

如淳曰 嘉語其吏曰 今便行斬之

신도가가 승상이 된 지 5년 효문제가 붕어하고 효경제가 즉위했다. 경제 2년, 조조晁錯가 내사內史가 되어 귀하게 총애받으며 권력을 휘둘러, 모든 법령은 조조가 청하는 대로 변경되는 것이 많았고 제후들의 죄를 꾸짖어 벌을 주며 봉지를 깎을 것을 의논했다. 그래서 승상 신도가는 저절로 물리쳐지고 말한 바가 쓰이지 않게 되자, 조조를 미워하게 되었다.

조조는 내사가 되었고 관부의 문이 동쪽으로 나가게 되어 있었는데, 조조는 이것을 불편하게 여기고 다시 남쪽으로 나가는 문을 하나 뚫었다. 남쪽으로 나가는 곳은 태상황太上皇의 사당이 있는 바깥쪽 담[1]이었다.

신도가가 듣고 이것을 계기로 조조가 멋대로 종묘의 담을 뚫어 문을 만든 일을 주청해서 법으로 조조를 죽이려고 했다. 그런데 조조의 객이 있어 조조에게 말했으며, 조조는 두려워하고 밤에 궁궐로 들어가 주상을 알현하고 스스로 경제에게 (처리를) 맡겼다.[2]

嘉爲丞相五歲 孝文帝崩 孝景帝卽位 二年 晁錯爲內史 貴幸用事 諸法令多所請變更 議以謫罰侵削諸侯 而丞相嘉自紃所言不用 疾錯 錯爲內史 門東出 不便 更穿一門南出 南出者 太上皇廟堧垣[1] 嘉聞之 欲因此以法 錯擅穿宗廟垣爲門 奏請誅錯 錯客有語錯 錯恐 夜入宮上謁 自歸景帝[2]

---

① 堧垣연원

집해 복건이 말했다. "궁의 바깥담이다." 여순이 말했다. "堧의 발음은 '외연畏愞'의 '연愞'이다."

服虔曰 宮外垣也 如淳曰 堧音畏愞之愞

여순은 堧의 발음을 '외연畏懦'의 '연懦'이라고 했다. 堧의 발음은 '완[乃喚反]'인데 위소는 堧의 발음을 '연[而緣反]'이라 했으며, 또 발음은 '연輭'이다.

如淳音畏懦之懦 乃喚反 韋昭音而緣反 又音輭

② 自歸景帝자귀경제

정의 스스로 경제에게 맡기고 먼저 자백한 것이다.

自歸帝首露

조회에 이르러 승상이 주청하고 내사 조조를 처단해야 한다고 했다. 경제가 말했다.

"조조가 뚫은 것은 진짜 사당의 담이 아니고 그 밖의 빈터의 담이다. 그러므로 타관他官들①이 그 안에 산다. 또 내가 시켜서 한 것이고 조조에게는 죄가 없다."

조회가 파하자 신도가가 장사長史에게 말했다.

"나는 조조를 먼저 베지 않고 먼저 주청해 조조에게 매도당한 것을 후회한다."

관사에 이르러 피를 토하고 죽었다. 시호를 절후節侯라고 했다. 아들 공후共侯 멸蔑이 대신하다 3년 만에 죽었다. 신도멸의 아들 거병去病이 후작을 대신하다 31년 만에 죽었다.② 신도거병의 아들 유臾가 후작을 대신했는데, 6년 만에 구강태수가 되었다가 옛 관리에게 송별금을 받은 죄가 있어서 법에 걸려 봉국이 없어졌다.

至朝 丞相奏請誅內史錯 景帝曰 錯所穿非眞廟垣 乃外堧垣 故他官①居
其中 且又我使爲之 錯無罪 罷朝 嘉謂長史曰 吾悔不先斬錯 乃先請之
爲錯所賣 至舍 因歐血而死 諡爲節侯 子共侯蔑代 三年卒 子侯去病代
三十一年卒② 子侯與代 六歲 坐爲九江太守受故官送有罪 國除

① 他官타관

색은 《한서》에는 "용관宂官"으로 되어 있고 산관散官을 이른다.

漢書作宂官 謂散官也

신주 용관이나 산관은 품계가 있지만 아직 직책이 없는 관리를 말한다.

② 侯去病代 三十一年卒후거병대 삼십일년졸

집해 서광이 말했다. "어떤 판본에는 '후거병'이 없고 '공후 멸 33년이
며, 아들 유與가 정안후靖安侯로 바뀌어 봉해졌다.'로 되어 있다."

徐廣曰 一本無侯去病 而云共侯蔑三十三年 子與改封靖安侯

신주 〈혜경간후자연표〉에는 서광의 말처럼 되어 있는데, 다만 청안후
淸安侯라 한 것이 다르다.

신도가가 죽은 뒤로부터 경제 때 개봉후開封侯 도청陶靑과 도후桃侯
유사劉舍가 승상이 되었다.① 지금의 황제 때 이르러, 백지후柏至侯
허창許昌,② 평극후平棘侯 설택薛澤,③ 무강후武彊侯 장청적莊靑翟,④
고릉후高陵侯 조주趙周⑤ 등이 승상이 되었다. 모두 열후列侯로서

후계를 이었으며 조신하여[6] 청렴하고 삼갔지만, 승상으로 인원수만 채웠을 뿐이다. 공功을 밝게 펼쳐 이름을 당세에 드러낸 자가 없었다.

自申屠嘉死之後 景帝時開封侯陶青桃侯劉舍爲丞相[1] 及今上時 柏至侯許昌[2]平棘侯薛澤[3]武彊侯莊青翟[4]高陵侯趙周[5]等爲丞相 皆以列侯繼嗣 姁姁[6]廉謹 爲丞相備員而已 無所能發明功名有著於當世者

① 陶青桃侯劉舍爲丞相도청도후유사위승상

집해 서광이 말했다. "도청은 고조 때의 공신 도사陶舍의 아들이고 시호는 이夷이다. 유사는 본래 항씨의 친척이며 유씨劉氏 성을 하사받았다. 아버지 양襄은 고조를 도와 공로가 있었다. 유사의 시호는 애후哀侯이다."

徐廣曰 陶青 高祖功臣陶舍之子也 謚夷 劉舍 本項氏親也 賜姓劉氏 父襄佐高祖有功 舍謚哀侯

② 許昌허창

집해 서광이 말했다. "고조의 공신 허온許溫의 손자이고 시호는 애후이다."

徐廣曰 高祖功臣許溫之孫 謚哀侯

③ 薛澤설택

집해 서광이 말했다. "고조의 공신 광평후廣平侯 설구薛歐의 손자인 평극절후平棘節侯 설택이다."

徐廣曰 高祖功臣廣平侯薛歐之孫平棘節侯薛澤

④ 莊靑翟장청적

집해 서광이 말했다. "고조의 공신 장불식莊不識의 손자이다."

徐廣曰 高祖功臣莊不識之孫

⑤ 趙周조주

집해 서광이 말했다. "조주의 아버지는 이오夷吾이고 초왕 유무劉戊의 태부가 되었으며 간하다가 죽었다."

徐廣曰 周父夷吾爲楚王戊太傅 諫爭而死

⑥ 娖娖착착

집해 서광이 말했다. "娖의 발음은 '착[七角反]'이다. 다른 판본에는 '단斷'으로 되어 있고 또 다른 판본에는 '착躇'으로 되어 있다."

徐廣曰 娖音七角反 一作斷 一作躇

색은 娖의 발음은 '착[七角反]'이다. 안사고는 "가지런한 모양이다."라고 했다. 《한서》에는 '착躇' 자로 되어 있다. 躇의 발음은 '착[初角反]'이고 斷의 발음은 '단[都亂反]'이다. 뜻은 《상서》에서 "단단斷斷은 다른 기술이 없는 것이다."라는 것과 같다.

娖音側角反 小顏云 持整之貌 漢書作 躇 躇音初角反 斷音都亂反 義如尙書 斷斷猗無他技

태사공은 말한다.

장창은 문학과 율력으로써 한나라의 이름난 재상이 되었다. 그런데

그가 가의賈誼와 공손신 등이 말한 정삭正朔과 복색服色의 일을
물리치고 따르지 않았으며 진秦나라 전욱력顓頊曆[1]을 밝혀 사용
했는데 무엇 때문이었을까?

주창은 순박하고 강직한 사람이었다.[2] 임오는 옛 덕택으로 등용
되었다.[3] 신도가는 강인하게 절의를 지켰다고 할 만하지만 통치
술과 학문이 없어 소하, 조참, 진평과는 자못 달랐다.

太史公曰 張蒼文學律曆 爲漢名相 而絀賈生公孫臣等言正朔服色事而
不遵 明用秦之顓頊曆[1] 何哉 周昌 木彊人也[2] 任敖以舊德用[3] 申屠嘉
可謂剛毅守節矣 然無術學 殆與蕭曹陳平異矣

① 顓頊曆전욱력

집해 장안이 말했다. "경전을 참고하지 않고 오로지 전욱력을 사용한
것은 무엇 때문이었을까?"

張晏曰 不考經典 專用顓頊曆 何哉

② 木彊人也목강인야

정의 그의 본질이 곧고 강해서 목석木石과 같다는 말이다.

言其質直掘強如木石焉

③ 舊德用구덕용

집해 장안이 말했다. "여후를 맡은 관리를 손상하고 곤욕스럽게 한 것
을 이른다."

張晏曰 謂傷辱呂后吏

저소손이 기록한 승상들

효무제 때 승상이 매우 많았으나 기록되지 않았다. 그들의 행적과 살아온 모습의 대략도 기록한 것이 없어 우선 정화征和 이래를 기록한다. 차승상車丞相[1]이 있었는데 장릉長陵 사람이다. 그가 죽자 위승상韋丞相 현賢이 이었다.[2] 승상 위현韋賢은 노魯나라 사람이다. 통치술에 관한 글을 많이 읽고 관리가 되어 대홍려大鴻臚에 이르렀다. 관상가가 그를 살펴보고 마땅히 승상에 이를 것이라고 했다. 위현은 4명의 아들이 있어서 관상가에게 보였다. 둘째 아들의 차례가 되었는데, 그 이름이 현성玄成이었다. 관상가가 말했다. "이 아들은 귀해지고 마땅히 봉해질 것입니다."

孝武時丞相多甚 不記 莫錄其行起居狀略 且紀征和以來 有車丞相[1] 長陵人也 卒而有韋丞相代[2] 韋丞相賢者 魯人也 以讀書術爲吏 至大鴻臚 有相工相之 當至丞相 有男四人 使相工相之 至第二子 其名玄成 相工曰 此子貴 當封

① 車丞相차승상

[집해] 이름은 천추이다.

名千秋

② 韋丞相代위승상대

색은 차천추 이하부터는 모두 저소손 등이 기록한 바이다. 그리하여 〈승상열전〉에는 모두 생략되었지만《한서》에는 갖추어져 있다.

自車千秋已下 皆褚先生等所記 然丞相傳都省略 漢書則備

위승상이 말했다.

"내가 곧 승상이 된다면 큰아들이 있는데, 어찌 그에 따라 봉해지겠는가."

뒤에 마침내 승상이 되었다가 병이 들어 죽었다. 그런데 큰아들은 죄를 따질 일이 있어서 후계자가 되지 못하고 현성玄成을 세웠다. 현성은 이때 거짓으로 미친 척하고 기꺼이 계승하고자 하지 않았으나 마침내 계승해서 섰으며 국가를 사양했다는 명예도 있었다.

뒤에 말을 타고 사당에 이르는 불경죄에 걸려 관내후가 되어 열후 지위를 잃었지만, 그의 옛 국가의 읍을 식읍으로 얻었다. 위승상韋丞相이 죽고 위승상魏丞相이 대신했다.

韋丞相言曰 我卽爲丞相 有長子 是安從得之 後竟爲丞相 病死 而長子 有罪論 不得嗣 而立玄成 玄成時佯狂 不肯立 竟立之 有讓國之名 後坐 騎至廟 不敬 有詔奪爵一級 爲關內侯 失列侯 得食其故國邑 韋丞相卒 有魏丞相代

위승상 상相은 제음군 사람이다. 문관文官으로 승상에 이르렀다. 그의 사람됨이 무武를 좋아했다. 그는 모든 관리에게 검을 차고 다니게 하고, 검을 차고 앞에 나가 사무를 아뢰게 했다. 간혹 검을 차지 않고 들어와 사무를 아뢰는 자가 있으면 칼을 빌려주어 들어와 사무를 아뢰게 하기에 이르렀다.

그때 경조윤은 조군趙君이었는데,[1] 승상이 주청하여 죄를 주어 그를 면직시켜야 한다고 하자, 사람을 시켜 위승상을 협박해서 죄에서 벗어나게 해줄 것을 요구했으나 위승상은 들어주지 않았다. 다시 사람을 시켜 부인이 시녀를 살해한 것으로써 위승상을 위협하고 으르면서 사사로이 승상에게 홀로 아뢰어 조사할 것을 청하고 경조부의 관리와 사졸을 발동해 승상의 관사에 이르러 종들을 체포해 매를 쳐서 심문했는데, 실상은 칼로 죽인 것이 아니었다.

魏丞相相者 濟陰人也 以文吏至丞相 其人好武 皆令諸吏帶劍 帶劍前奏事 或有不帶劍者 當入奏事 至乃借劍而敢入奏事 其時京兆尹趙君[1] 丞相奏以免罪 使人執魏丞相 欲求脫罪而不聽 復使人脅恐魏丞相 以夫人賊殺待婢事而私獨奏請驗之 發吏卒至丞相舍 捕奴婢笞擊問之 實不以兵刃殺也

① 京兆尹趙君경조윤조군

집해 이름은 광한이다.

名廣漢

신주 경조윤은 수도의 우두머리 직책이다.

승상의 사직司直 파군繁君[1]은 경조윤 조광한이 승상을 협박하고 승상의 부인이 살해했다고 무고하고, 관리와 사졸을 출동시켜 승상의 관사를 포위하고 위협했으니 도리에 어긋난다고 아뢰었다. 그리고 또 멋대로 기사騎士들을 보낸 일을 숨겼다고 하여 경조윤 조광한을 허리를 베는 형벌에 처하게 했다.

또 하급관리 진평陳平 등을 시켜서 중상서中尙書를 탄핵한 일이 있었다. 승상이 독단적으로 일을 겁박했다는 의심을 받고 크게 불경스러운 죄에 걸렸는데 장사長史 이하는 모두 죽는 법에 걸리거나 혹은 고환을 잘리는 형벌을 받았다.

그러나 위승상은 끝까지 승상으로 재직하다가 병으로 죽었다. 아들이 후계를 이었다. 뒤에 말을 타고 사당에 이른 불경죄에 걸려 작위 한 등급을 낮추라는 조서를 받고 관내후가 되어 열후 지위를 잃었지만 그의 옛 국가의 읍을 식읍으로 얻었다. 위승상이 죽자 어사대부 병길邴吉이 대신했다.

而丞相司直繁君[1]奏京兆尹趙君迫脅丞相 誣以夫人賊殺婢 發吏卒圍捕丞相舍 不道 又得擅屏騎士事 趙京兆坐要斬 又有使掾陳平等劾中尙書 疑以獨擅劫事而坐之 大不敬 長史以下皆坐死 或下蠶室 而魏丞相竟以丞相病死 子嗣 後坐騎至廟 不敬 有詔奪爵一級 爲關內侯 失列侯 得食其故國邑 魏丞相卒 以御史大夫邴吉代

① 繁君파군

색은 파繁는 성姓이다. 繁의 발음은 '파婆'이다.

繁 姓也 音婆

병승상邴丞相 길吉은 노魯나라 사람이다. 글을 많이 읽고 법령을 좋아했으므로 어사대부에 이르렀다. 효선제 때, 선제와 옛 인연이 있어서 열후에 봉해졌고 이로 인해 승상이 되었다. 사무에 밝고 큰 지혜가 있어서 후세에 그를 칭찬했다. 승상으로 있다 병으로 죽었다.

아들 현顯이 후계를 이었다. 뒤에 말을 타고 사당에 이른 불경죄에 걸려 조서로 작위 한 등급을 박탈당해 관내후가 되어 열후 지위를 잃었지만, 그의 옛 국가의 읍을 식읍으로 얻었다. 병현邴顯은 관리가 되어 태복太僕에 이르렀으나 관직에 자질이 부족하고 어지럽혔으며 자신과 아들 남男이 간사하게 뇌물을 받은 일에 걸려 면직되어 일반인이 되었다.

邴丞相吉者 魯國人也 以讀書好法令至御史大夫 孝宣帝時 以有舊故 封爲列侯 而因爲丞相 明於事 有大智 後世稱之 以丞相病死 子顯嗣 後 坐騎至廟 不敬 有詔奪爵一級 失列侯 得食故國邑 顯爲吏至太僕 坐官 耗亂 身及子男有姦贓 免爲庶人

병승상이 죽자 황승상黃丞相이 대신했다. 장안長安 안에 관상을 잘 보는 전문田文이라는 자가 있었는데 위승상韋丞相, 위승상魏丞相, 병승상 세 사람이 미천할 때 함께 어느 손님 집에서 만난 일이 있었다. 전문田文이 말했다.

"지금 여기 이 세 분은 모두 승상이 될 것입니다."

그 뒤 세 사람이 마침내 번갈아 서로 이어 승상이 되었는데 어찌 보는 것이 이렇게 밝았는가! 황승상은 패覇 땅 회양국 사람이다. 글을 많이 읽고 관리가 되어 영천태수에 이르렀다. 영천을 다스리는데 예의의 조목으로 가르치고 깨우쳐 알려서 변화시켰다.

법을 범한 자는 넌지시 깨우쳐서 자살하도록 했다. 교화가 크게 행해지자 명성이 알려졌다. 효선제가 칙서를 내려 말했다.

"영천태수 황패는 조령을 선포해 백성을 다스려 길에 떨어져 있는 물건을 주워 가지 않고 남자와 여자가 도로를 다르게 쓰며 감옥 안에는 죄가 무거운 죄수가 없다. 관내후 작위와 황금 100근을 하사하노라."

불러서 경조윤으로 삼았다가 승상에 이르게 했는데 다시 예의로써 다스렸다. 승상으로 재직하다 병으로 죽었다. 아들이 후계를 잇고 뒤에 열후가 되었다. 황승상이 죽자 어사대부 우정국于定國이 대신했다. 우승상은 이미 〈정위전廷尉傳〉이 있어서 장석지張釋之 정위의 이야기 속에 들어 있다. 우승상이 떠나자 어사대부 위현성韋玄成이 대신했다.

邴丞相卒 黃丞相代 長安中有善相工田文者 與韋丞相魏丞相邴丞相微賤時會於客家 田文言曰 今此三君者 皆丞相也 其後三人竟更相代爲丞相 何見之明也 黃丞相霸者 淮陽人也 以讀書爲吏 至潁川太守 治潁川 以禮義條敎喩告化之 犯法者 風曉令自殺 化大行 名聲聞 孝宣帝下制曰 潁川太守霸 以宣布詔令治民 道不拾遺 男女異路 獄中無重囚 賜爵關內侯 黃金百斤 徵爲京兆尹而至丞相 復以禮義爲治 以丞相病死 子嗣 後爲列侯 黃丞相卒 以御史大夫于定國代 于丞相已有廷尉傳 在張廷尉語中 于丞相去 御史大夫韋玄成代

위승상韋丞相 현성玄成은 곧 지난날 위현韋賢 승상의 아들이다. 아버지를 대신했으나 뒤에 열후 지위를 잃었다. 그 사람은 소년 시절에 글 읽는 것을 좋아했으며 《시경》과 《논어》에 밝았다. 관리가 되어 위위衞尉에 이르렀다가 옮겨서 태자태부太子太傅가 되었다. 어사대부 설군薛君이 면직되자[1] 어사대부가 되었다. 우정국 승상이 늙어서 고향으로 돌아갈 것을 청해 면직되자, 승상이 되었다. 이로 인해 옛 읍에 봉해 부양후扶陽侯가 되었다. 수년 있다가 병으로 죽었다. 효원제는 친히 상례에 임하고 상을 하사받은 것들도 매우 많았다. 아들이 후계를 이었다.

그는 세속의 부침을 따라 다스렸으며, 아첨이 교묘하다고 일컬어졌다. 관상가가 본래 "마땅히 후작이 되어 아버지를 이었다가 뒤에 후작을 상실할 것이며, 다시 벼슬길에 노닐며 일으켜서 승상에 이를 것이다."라고 했다. 부자가 함께 승상이 되어 세상에서는 아름답게 여겼는데 어찌 운명이 아니겠는가. 관상가는 참으로 그것을 먼저 알았다. 위승상이 죽고 어사대부 광형匡衡이 대신했다.

韋丞相玄成者 卽前韋丞相子也 代父 後失列侯 其人少時好讀書 明於詩論語 爲吏至衞尉 徙爲太子太傅 御史大夫薛君免[1] 爲御史大夫 于丞相乞骸骨免 而爲丞相 因封故邑爲扶陽侯 數年 病死 孝元帝親臨喪 賜賞甚厚 子嗣後 其治容容隨世俗浮沈 而見謂諂巧 而相工本謂之當爲侯代父 而後失之 復自游宦而起 至丞相 父子俱爲丞相 世間美之 豈不命哉 相工其先知之 韋丞相卒 御史大夫匡衡代

[1] 薛君免설군면

이름은 광덕廣德이다.

名廣德也

승상 광형은 동해군 사람이다. 글 읽기를 좋아해 박사博士를 따라 《시경》을 전수받았다. 집안이 가난해 광형은 남의 집에서 고용살이를 해 음식을 해결했다. 재주는 남보다 처져서 자주 사책射策에 응시했지만① 합격하지 못하다가 아홉 번째에 이르러 병과丙科에 합격했다. 그는 경서經書로 과거에 합격하지 못했으나 (경서를) 밝게 익혔다.

평원군平原郡의 문학졸사文學卒史에 보임되었다. 여러 해 있었으나 군郡에서 존경하지 않았다. 어사御史가 불러서 녹봉 100섬을 받는 관리에 보임했다가 추천해 낭郎으로 삼았다. 박사에 보임되었다가 태자소부太子少傅에 제수되어 효원제를 섬겼다.

효원제는 시詩를 좋아해서 그를 승진시켜 광록훈光祿勳으로 삼았다. 궁전 안에 있을 때는 천자의 스승이 되어 좌우에서 가르쳤다. 현관縣官(천자)이 그의 곁에 앉아서 듣는 것을 매우 좋아했음으로 날마다 존귀해졌다.

어사대부 정홍鄭弘이 사건에 걸려 면직되자 광형이 어사대부가 되었다. 한 해 남짓 되어 위현성 승상이 죽고 광형이 이어 승상이 되어 낙안후樂安侯에 봉해졌다. 10년 사이에 한 번도 장안長安의 성문을 나가지 않고 승상에 이르렀는데, 어찌 때를 만난 운명이 아니겠는가.

丞相匡衡者 東海人也 好讀書 從博士受詩 家貧 衡傭作以給食飲 才下 數射策①不中 至九 乃中丙科 其經以不中科故明習 補平原文學卒史 數 年 郡不尊敬 御史徵之 以補百石屬薦爲郎 而補博士 拜爲太子少傅 而 事孝元帝 孝元好詩 而遷爲光祿勳 居殿中爲師 授教左右 而縣官坐其 旁聽 甚善之 日以尊貴 御史大夫鄭弘坐事免 而匡君爲御史大夫 歲餘 韋丞相死 匡君代爲丞相 封樂安侯 以十年之間 不出長安城門而至丞 相 豈非遇時而命也哉

① 射策사책

신주 경서의 뜻과 정치의 방법을 죽간 등에 적어내게 하여 시험을 보는 것이다.

태사공은 말한다.

깊이 생각해보면① 사인으로서 벼슬에서 노닐며 후작에 봉해짐에 이른 자는 매우 적었다.② 그러나 어사대부에 이르렀다가 떠난 자는 많았다. 모든 어사대부는 승상 다음이며 그들의 마음에는 다행히 승상이 할 수 없기③를 바라거나 혹은 몰래 사사로이 서로를 헐뜯고 해치며 승상을 잇고 싶어 했다. 그러나 오래 기다려도 승상 자리를 얻지 못하는 자가 있고 혹은 얼마 안 기다리고 승상 자리를 얻기도 하여 후작에 봉해졌으니 참으로 운명일 것이다.

어사대부 정홍鄭弘은 수년을 기다리고도 승상 자리를 얻지 못했고, 광형은 어사대부에 있은 지 한 해가 되지 않았는데도 위승상이 죽어 곧바로 대신했다. 어찌 지혜나 수완으로 얻을 수 있겠는가. 현명하고 성스러운 재주가 많이 있더라도 고생만 하고 승상의 자리를 얻지 못한 자들은 매우 많았다.

太史公曰 深惟①士之游宦所以至封侯者 微甚② 然多至御史大夫卽去者 諸爲大夫而丞相次也 其心冀幸丞相物故也③ 或乃陰私相毁害 欲代之 然守之日久不得 或爲之日少而得之 至於封侯 眞命也夫 御史大夫鄭君守之數年不得 匡君居之未滿歲 而韋丞相死 卽代之矣 豈可以智巧得哉 多有賢聖之才 困厄不得者衆甚也

① 深惟심유

[색은] 살펴보니 이것은 광형匡衡 이래의 일을 논한 것이며 후대 사람이 기술했는데 또한 태사공이라고 일컬어 그 서술이 천박한데, 하나같이 누구를 속이는가.

案 此論匡衡已來事 則後人所述也 而亦稱 太史公 其序述淺陋 一何誣也

② 微甚미심

[집해] 서광이 말했다. "미微는 다른 판본에는 '징徵'으로 되어 있다."

徐廣曰 微 一作徵

③ 物故也물고야

[집해] 고당륭은 위조魏朝의 물음에 대답했다. "물物은 무無이다. 고故는

사事이다. 다시 일을 할 수 없다는 말이다."

高堂隆答魏朝訪曰 物 無也 故 事也 言無復所能於事

신주 고당륭의 말은 《삼국지》〈촉지〉 1권의 배송지 주석에 나와 있다. 거기서는 위조가 아니라 위대魏臺라고 했다.

색은술찬 사마정이 펼쳐서 밝히다.

장창은 주계가 되어서 천하의 규격을 고르게 했다. 공손신은 비로소 내쫓겼고 진나라 율력은 오히려 시행되었다. 어사대부는 아상亞相이고 상국은 아형阿衡이라! 신도가는 면박하여 (등통을) 꺾었고 주자(주창)는 조정에서 간쟁했다. 그 나머지 사람은 그저 조신하여 밝혀 펼친 것이 없었구나!

張蒼主計 天下作程 孫臣始絀 秦曆尙行 御史亞相 相國阿衡 申屠面折 周子廷 爭 其他妮妮 無所發明

지명

ㄱ

ㄴ

《사기》를 지은 사람들

본문_ 사마천

사마천은 자가 자장子長으로 하양(지금 섬서성 한성시) 출신이다. 한 무제 때 태사공을 역임하다가 이릉 사건에 연루되어 궁형을 당했다. 기전체 사서이자 중국 25사의 첫머리인 《사기》를 집필해 역사서 저술의 신기원을 이룩했다. 후세 사람들이 태사공 또는 사천이라고 높여 불렀다. 《사기》는 한족의 시각으로 바라본 최초의 중국 민족사라고 할 수 있는데 여기서 사마천은 동이족의 역사를 삭제하거나 한족의 역사로 바꾸기도 했다.

삼가주석_ 배인·사마정·장수절

《집해》 편찬자 배인은 자가 용구龍駒이며 남북조시대 남조 송(420~479)의 하동 문희(현 산서성 문희현) 출신이다. 진수의 《삼국지》에 주석을 단 배송지의 아들로 《사기집해》 80권을 편찬했다.

《색은》 편찬자 사마정은 자가 자정子正으로 당나라 하내(지금 하남성 심양) 출신인데 굉문관 학사를 역임했다. 사마천이 삼황을 삭제한 것을 문제로 여겨서 〈삼황본기〉를 추가했으며 위소, 두예, 초주 등 여러 주석자의 주석을 폭넓게 모으고 자신의 견해를 덧붙여 《사기색은》 30권을 편찬했다.

《정의》 편찬자 장수절은 당나라의 저명한 학자로, 개원 24년(736) 《사기정의》 서문에 "30여 년 동안 학문을 섭렵했다"고 썼을 정도로 《사기》 연구에 몰두했다. 그가 편찬한 《사기정의》에는 특히 당나라 위왕 이태 등이 편찬한 《괄지지》를 폭넓게 인용한 것을 비롯해서 역사지리에 관한 내용이 풍부하다.